JN112021

そのまま
使える！

ビジネスメール
文例 大全

Hirano Tomoaki
監修 平野友朗

一般社団法人
日本ビジネスメール協会 代表理事

ナツメ社

はじめに

「メールを書くのが苦手だ」

「言い回しを考えるのに時間がかかる」

「自分の気持ちを正しく伝えられない」

　私は15年以上、ビジネスメールコミュニケーションを教える仕事をしていますが、このような悩みをたくさん聞いてきました。

　適切な表現が思い浮かばず、1通のメールを作成するのに時間をかけすぎている人は少なくないようです。常識のあるメールを早く書くためには、メールのルールやマナーを知り、レイアウトの型を押さえ、よく使うフレーズを覚えるだけ。それらのポイントを凝縮したのが本書です。

　伝えたい内容を型に沿って入力し、言い回しを調整するだけでメールは書けます。冒頭の挨拶、文末の言い回し、感謝を伝えるフレーズなどをそれぞれ10種類くらい把握していれば、さらに思うとおりに書けるようになります。

　本書には、めったに使わない、わかりにくくて難しい文例はほとんど出てきません。普段使いできる文例集にこだわって監修しました。

　本書が皆さまのメール作成の悩みを1つでも減らし、メールコミュニケーションの効率化に役立つことを願っています。

一般社団法人日本ビジネスメール協会

代表理事　平野友朗

CONTENTS

第 1 章

メール作成の基本

第 2 章

シチュエーション別 文例集

第 3 章

仕事効率化テクニック

第 4 章
使える資料集

装丁・本文デザイン／三森健太（JUNGLE）   原稿協力／直井章子
装丁画・本文イラスト／さかたともみ   編集協力／株式会社フロンテア
DTP ／株式会社システムタンク   編集担当／横山美穂（ナツメ出版企画株式会社）
校正／有限会社くすのき舎

1章　メール作成の基本

ビジネスメールの基本的な作成方法を説明しています。順を追ってルールやマナーを学んで不安を解消し、よいビジネスメールを作成するのに役立ちます。

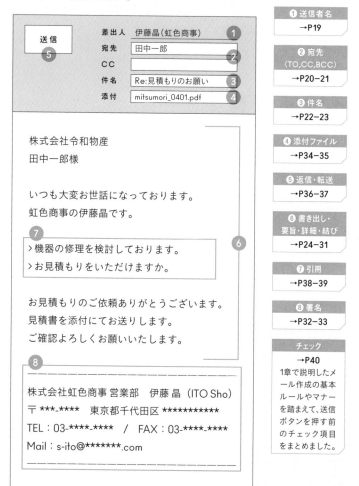

送信		
	差出人	伊藤晶(虹色商事) ❶
	宛先	田中一郎 ❷
	CC	
	件名	Re:見積もりのお願い ❸
	添付	mitsumori_0401.pdf ❹

株式会社令和物産
田中一郎様

いつも大変お世話になっております。
虹色商事の伊藤晶です。

❼
> 機器の修理を検討しております。
> お見積もりをいただけますか。

お見積もりのご依頼ありがとうございます。
見積書を添付にてお送りします。
ご確認よろしくお願いいたします。

❽
株式会社虹色商事 営業部　伊藤 晶（ITO Sho）
〒 ***-****　東京都千代田区 ***********
TEL：03-****-****　/　FAX：03-****-****
Mail：s-ito@*******.com

❶ 送信者名
→P19

❷ 宛先
(TO,CC,BCC)
→P20-21

❸ 件名
→P22-23

❹ 添付ファイル
→P34-35

❺ 返信・転送
→P36-37

❻ 書き出し・
要旨・詳細・結び
→P24-31

❼ 引用
→P38-39

❽ 署名
→P32-33

チェック
→P40
1章で説明したメール作成の基本ルールやマナーを踏まえて、送信ボタンを押す前のチェック項目をまとめました。

2章 シチュエーション別 文例集

ビジネスメールで使えるフレーズをシチュエーションごとに紹介しています。実際の使い方を文例で学び、ポイントや解説で理解を深めます。

シチュエーションごとのメール文例とポイント

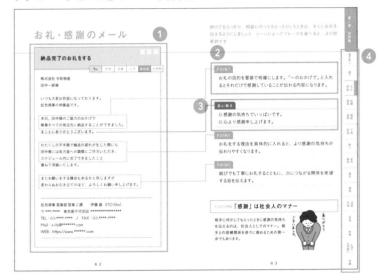

❶ メールの文例	❷ メール作成のポイント
シチュエーションごとにメール1通の文例を紹介します。メール全体の構成を理解しましょう。	左ページの文例の中から、相手への心遣いなどメールを書くためのポイントを説明します。

❸ 言い換えの例	❹ シチュエーション
左ページの文例の中で扱ったフレーズの言い換えパターンを紹介します。	フレーズのバリエーションと文例はシチュエーションごとに並んでいます。探すときの目安としてください。

各フレーズの言い回しについて

2章で紹介するフレーズは、1つのフレーズの中で「お願いします」「お願いいたします」「お願い申し上げます」など、言い回しを変えた文例を紹介しています。相手との距離感や、前後の文章の流れによって使い分けてください。

フレーズと文例

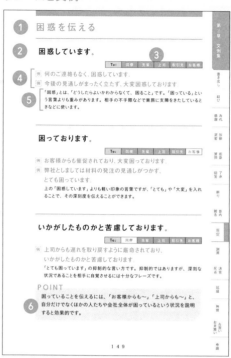

① 詳細シチュエーション
フレーズを詳細に分類するシチュエーションです。

② フレーズ
メールで使えるフレーズです。

③ 使える相手
「同僚・先輩・上司・取引先・お客様」の中で、使える相手に色を付けて表示しています。

④ 文例
そのフレーズを実際に使う際の文例です。

⑤ 解説
そのフレーズの意味や使う際のポイントを解説します。

⑥ POINT
フレーズを使う際に注意する点など、ポイントを紹介します。

3章　仕事効率化テクニック

ビジネスメール作成の基本が身についたあと、メールを武器にして仕事全体を効率化するためのテクニックを紹介します。

本文中の引用データについて

3章（一部1章）で紹介するビジネスメールにまつわる統計データやグラフは、すべて一般社団法人日本ビジネスメール協会の「ビジネスメール実態調査2020」に基づいています。「ビジネスメール実態調査」の最新版は日本ビジネスメール協会のHP（https://businessmail.or.jp/research/）から確認できます。

4章　使える資料集

敬語やビジネス用語、文字入力のテクニックなど、曖昧にしがちな社会人としての知識を確認するための説明と資料集です。

メール作成の基本

ビジネスメールはプライベートで送るメールとは異なるため、初めは「相手を怒らせないかな」「失礼じゃないかな」と不安に思うかもしれません。しかし、基本のルールを覚えてしまえば苦手意識を持つ必要はありません。まずは本章でビジネスメールのルールを確認して、「よいビジネスメール」を書くための準備をしましょう。

ビジネスメールは仕事を円滑に進めるための連絡ツール

「よいビジネスメール」とは何か

　ビジネスメールにおいて、その良し悪しはメールを1通読んだだけで判断できるものではありません。何故なら、ビジネスメールの目的は「仕事をスムーズに進めること」であり、具体的には「メールで依頼した資料が納期にきちんと届くこと」や「問い合わせのメールに回答して問題が解決されること」「メールを送った相手から信頼されて、お客様になってもらえること」など多岐にわたるからです。**メールのやり取りを通じて自分の仕事がうまく進んだのであれば、そのメールは「よいメール」だったといえるでしょう。**

　では、うまく仕事を進めるためのビジネスメールとは、どのようなものでしょうか。

ビジネスメールに名文は必要ない

　一般社団法人日本ビジネスメール協会が行った調査「ビジネスメール実態調査2020」によると、メールは仕事で使うコミュニケーション手段のトップに挙げられています。仕事上の情報のやり取りの多くがメールで行われ、必然的に扱うメールの数も大量になっています。このため、メール1通あたりに費やす時間を極力短くすることが求められています。

　シチュエーションによって違いはありますが、すべてのメールが丁寧に時間をかけて読まれることはありません。そのため、「心に訴えかけるような美しい名文」を書く必要はありません。したがって、**ビジネスメールの作成に高度な文章力は必要ないのです。**

必要なのは基本ルールを覚えること

　だからといって、最初から誰でも同じようにビジネスメールを書けるかといえば、そうではありません。ビジネスメールには基本的なルールやマナーがあり、それを理解し覚えておく必要があります。さらにコツを掴めば、より相手が読みやすいメールにすることもできます。

　そのルールやマナーを押さえてしまえば後は慣れていくだけで、メール作成に悩むことはなくなるでしょう。基本ルールはこの1章で説明していきます。

関係性を高めるメール作成

　基本ルールやマナーを覚えることは、仕事をスムーズに進めることにもつながります。例えば、P22 ～ 23で説明するメールの件名の付け方は、大量のメールを処理しなくてはならない相手の立場に寄り添ったルールです。ルールに沿って件名を付けることで、相手は件名からメールの概要や重要度を判断することができるため、相手のストレスを減らすことにつながります。

　受け取ったメールによい印象を持ってもらえれば、自然と送信者への信頼は高まります。そうして、**ルールに則ったビジネスメールは関係性を良好にし、仕事を円滑にしていく**のです。

新人なら「かたい」くらいが丁度いい

　PCの画面を見てメールを作成しているとイメージしづらいですがメールの先にいるのは、感情を持った人間です。「メールを送った相手から、自分がどう見えるか」を気にかけましょう。特に若手のうちは、目上の方に失礼な態度を取ってしまうと、距離を置かれるだけでなく、トラブルに発展することがあるかもしれません。

　メール作成の中で、どれくらいの距離感で接するのが正しいのか**迷ってしまったら「かたい（＝礼儀正しい）」くらいでスタート**するのがよいでしょう。初対面の相手に、やわらかすぎて怒られることはあっても、かたすぎて怒られることはありません。

「やわらかい」表現を「かたい」表現にする例

ご回答をお願いします。

ご回答をお願い申し上げます。

親しくなったら表現をやわらかくする

　メールのやり取りなどを続けてお互いの距離が近づいてきたら、メールの表現もやわらかくしていくのが自然です。いつまでもかたいままだと、相手から近寄りがたい印象を持たれ、よりよい関係を築けるチャンスを棒に振ってしまうかもしれません。

　相手の表現の変化にも注意深くなってみましょう。

プライベートとは切り離して！

また、いくら親しくなったとしても、仕事のやり取りをする相手だということを忘れてはいけません。**会社のメールアドレスでやり取りされるメールは、先方の社内で転送されることもあるため、誰に見られても恥ずかしくないものでなければなりません。**

あくまで社会人としての礼儀はわきまえ、プライベートとは切り離した中で、雑談を交えたり、近況を報告しあったりします。

メール作成の前に送信者名を設定しよう

まずはメールソフトで「送信者名」を設定しておきましょう。「送信者名」はメールを送信した際、メールの件名とともに相手の画面に表示されます。

誰からのメールかパッと見てわかると、相手に負担をかけずにすみます。逆にわかりにくい表示だと、メールの開封をちゅうちょし、後回しにされるかもしれません。

基本は**「会社名」＋「個人名（日本語）」**です。個人アドレスの場合は個人名を先にするとよいでしょう。

送信者名の例

虹色商事　伊藤晶

伊藤晶（虹色商事）

「宛先（TO、CC、BCC）」を 正しく使い分ける

相手の見え方・対応の仕方が異なる

　メールを送信する際、メールアドレスを入力するボックスは（メールソフトによって見え方は異なりますが）「TO（宛先）」「CC」「BCC」の3箇所あり、どれに入力してもメールは相手に届きます。しかし、**それぞれで役割が異なるため、正しくルールを理解して使い分ける**ようにしましょう。

TO（宛先）

　メインの送信先で、複数のメールアドレスを入力することも可能です。ここに入れたメールアドレスはメールが届いた人全員から見える状態になります。自分がTOの宛先としてメールが送られてきた場合、そのメールは自分宛てとなりますので、返信したり、求められている対応をする必要があります。

CC

　「Carbon Copy（複写）」の略で、「"TO"に入れた人宛てのメールをコピーして送る」という意味です。仕事の現状を上司や関係者に把握しておいてほしい（返信、対応を求めない）ときなどに使います。TOと同様、メールが届いた人全員に（CCとして）メールアドレスが見える状態になります。

BCC

　「Blind Carbon Copy（見えない複写）」の略で、送ったことを他の人に知られたくない場合はここに入力します。BCCで受信した人のメールアドレスは他の人からは見えないので、他の人に知ら

れずに同じメールを共有することができます。メールアドレスを他の
人に知られることもないため、一斉メールなどにも使います。

　ただし、BCCの人がTOやCCの人に宛てて返信してしまう、
BCCに入れるつもりがCCに入れてしまって情報漏洩する、など
の思わぬトラブルにつながる可能性があるため、BCCの使用は避
けたほうが安全です。

─ 3種類の宛先入力と受信者側の見え方 ──────────────

送信者（Aさん）の作成画面	受信者（B・Cさん）の受信画面
FROM A	FROM A
TO B	TO B
CC C	CC C
BCC D	

※BCCとして送られた人（Dさん）の受信画面は、メールソフトにより異なります

　どの宛先に入れた受信者からも、TOやCCの宛先はすべて表
示されます。

個人情報の取り扱いに注意する

　いくら仕事用のものでも、他の人の**メールアドレスは個人情報な
ので、誰彼構わず教えていいものではありません**。また、お客様の
個人メールアドレスであれば特に
慎重に扱う必要があります。

　TOやCCに入れた相手同士が
メールアドレスを知っている関係
か考え、お互いが知り合いでない
場合には、面倒でもメールを個別
に作成するようにしましょう。

「件名」を具体的に付けて読まれ方をコントロールする

メールを読んでもらうための工夫

　ビジネスメールは1日に何十件、何百件と送られてくることがあり、すべてをじっくり丁寧に読むわけにはいきません。その内容をすばやく判断して、自分に関係の薄いものは読み飛ばしたり、不要だと判断すれば開かずに削除してしまうのもビジネススキルの1つなのです。

　では、その内容はどこで判断されていくのでしょうか。**最大のポイントは、メールソフトで受信メールの一覧に表示される情報、つまり「件名」と「送信者名」です。**特に件名は、メールの内容を要約するものです。「重要なメールだ」「対応が必要なメールだ」とわかるように書いてあれば、受け取った人はそのつもりでメールを開封して読んでくれるでしょう。

具体的でない件名は相手のストレスになる

　例えば、下のような件名でメールが届いたとき、内容が具体的に想像できるでしょうか。

┌ 重要度が判断しにくい「件名」の例 ─────────
│ 件名「ご相談」　何についての相談かわからない
│ 件名「ありがとうございます」　何についての感謝かわからない
│ 件名「研修について」　質問なのか、報告なのか、目的がわからない
└──────────────────────────────

　瞬時に内容が判断できないメールは、開封して読み進めながらテーマや目的を理解しなければなりません。大量のメールを受け

取っている人にとってはそれが負担となり、開封が後回しになったり、忘れられてしまう可能性が高くなります。

また、読み終わって「重要度の低いメールだった」と判断されれば、手間をかけさせたことで心証が悪くなってしまうかもしれません。

具体的な件名を付ける

件名を具体的にするために、**「いつの」「何を」「どうしたいのか（どうしてほしいのか）」を盛り込む**ことを意識しましょう。固有名詞などの内容を特定しやすくするワードが入ると、より具体的になり、伝わりやすくなります。

ただし、使っているメールソフトや画面サイズなどの環境によって表示できる文字数に差があるので、長くなる場合、重要なことから書いていくことをおすすめします。

重要度が判断しやすい「件名」の例

件名「5/10（月）の九州出張についてご相談」

（いつの）5/10（月）の　（何を）九州出張について

（どうしたいのか）相談したい

件名「アンケート回答のお礼」

（何を）アンケートの回答　（どうしたいのか）感謝したい

件名「セキュリティ研修（第4回）参加のご報告」

（いつの）第4回　（何を）セキュリティ研修に参加

（どうしたいのか）報告したい

型どおりの「本文の基本構成」で悩む必要なし

どんなメールでも基本の型は同じ

本文部分は1つの決まった「型」に沿って構成します。以下の文例と照らし合わせて理解しましょう。

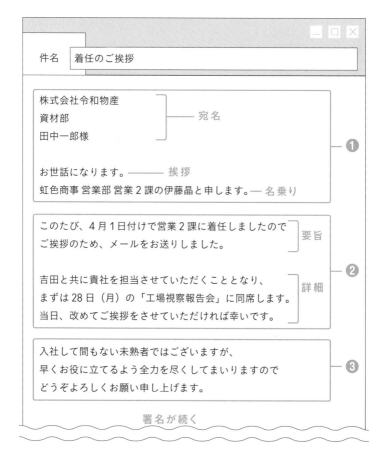

件名　着任のご挨拶

株式会社令和物産
資材部　　　　　── 宛名
田中一郎様

❶

お世話になります。─── 挨拶
虹色商事 営業部 営業 2 課の伊藤晶と申します。── 名乗り

このたび、4 月 1 日付けで営業 2 課に着任しましたので
ご挨拶のため、メールをお送りしました。　要旨

吉田と共に貴社を担当させていただくこととなり、
まずは 28 日（月）の「工場視察報告会」に同席します。　詳細
当日、改めてご挨拶をさせていただければ幸いです。

❷

入社して間もない未熟者ではございますが、
早くお役に立てるよう全力を尽くしてまいりますので
どうぞよろしくお願い申し上げます。

❸

署名が続く

❶ 書き出し（宛名・挨拶・名乗り）

宛名は「会社名＋部署名＋氏名＋様」とするのが基本です。親しくなってきたら徐々に部署名などを省略したり、「様」を「さん」に変えてもよいでしょう。また、CCに入れた人の宛名も「CC：○○様」などとしてコピーを送っていることを明記します。

1行空けて、**お互いの関係性やタイミングに合った挨拶を続けます。** ➡P44〜49参照

名乗りは宛名と同様「会社名＋部署名＋氏名」が基本です。これも相手との関係に応じて省略していきます。

➡P50〜51参照

❷ 要旨・詳細

最初に要旨を伝えると、メールの目的が明確になって理解しやすくなります。内容の詳細は情報が整理され、読みやすくなるように工夫して作りましょう。 ➡P26〜31参照

❸ 結び（挨拶）

メールの最後も必ず挨拶で終わります。また、「ご検討のほど、よろしくお願いします」などとして、もう一度メールの要旨を再確認してもらうこともできます。 ➡P54〜61参照

結びの挨拶の下に必ず「署名」を付けます。

➡P32〜33参照

「1メール1用件」が基本

相手の対応が必要な用件が複数ある場合は、**用件ごとにメールを分けて送る**ことをおすすめします。相手はメールごとに対応できるので、混乱や漏れが少なくなります。

逆に、「目を通してもらうだけ」といった、対応の必要がない用件であれば1メールにまとめて送っても問題ありません。

「本文」を
見やすくレイアウトするコツ

「読みやすい」メールのメリット

　ビジネスメールの目的は「仕事を効率的に進めること」。読みやすいメールでお互いやり取りをしていれば、誤解や混乱が生まれず、仕事をスムーズに進めていくことができます。では、以下のようなメールが届いたらどうでしょうか。

┌─ 読みにくいメール本文の例 ─

田中様

お世話になっております。虹色商事の伊藤です。昨日お問い合わせいただいた部品の件ですが、倉庫の在庫リストを確認しましたところ、2005年製が12個、2008年製が60個、2018年製が126個ございました。各工場の担当者にこちらから直接発送したいと思いますが、それぞれいつ頃必要でしょうか。希望納期を教えていただけると助かります。どうぞよろしくお願いいたします。

　理解するのに労力が必要なうえ、混乱が生じて期待するような返信が来ないかもしれません。読む気が起きず、放置されてしまうかもしれません。メールを読みやすく書き変える必要がありますね。

　「読みやすいメール」とは、「内容・情報に過不足や誤りがなく整理され」、「見やすくレイアウトされている」メールのことです。前者については3章で説明しますが、まずは見やすくレイアウトするコツを掴んで、読みやすいメールに近づけましょう。慣れてくれば、仕事が効率的に進むようになるのに加えて、メールを書くスピードも上がります。

テキスト形式を基本にする

　メールの表示・作成は大きく「HTML形式」と「テキスト形式」に分けられます。HTML形式ではWEBサイトのように文字・背景の装飾や画像・音声の配置ができます。しかし、相手の環境がHTML形式に対応していないと、想定したように表示されず、情報の認識に齟齬が生じてしまうかもしれません。

　一方、テキスト形式は相手にも同じように表示されるため、見え方による誤解が起きにくいです。メールソフトの設定で「テキスト形式」を選んでおきましょう。

ーオプションで「テキスト形式」を選択する（Outlookの場合）ーー

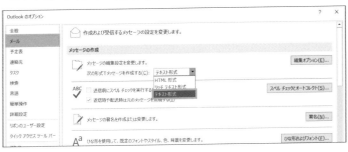

　テキスト形式では文字の装飾ができない分、次ページから紹介するコツを活用して読みやすくレイアウトする必要があります。

　また、最近はメールをスマホで受け取るケースも多くなっています。スマホの小さい画面で読まれることが想定される場合には、特に相手を思いやったレイアウトを心掛けてみましょう。

20 〜 30文字で改行する

　メール画面が文字で埋まっていると、読みづらい印象になるうえに単語の途中で改行が入るので、次の行を探しにくくなります。

　1行は20 〜 30文字を目安として、意識的に改行を入れるようにしましょう。句読点の入る位置や文節の終わりで改行すれば、文章の理解もスムーズになります。

```
┌ 改行を入れる ─────────────────────

  各工場の担当者にこちらから直接発送したいと思いますが、それぞれ
  いつ頃必要でしょうか。希望納期を教えていただけると助かります。
  どうぞよろしくお願いいたします。


                    ↓


  各工場の担当者にこちらから直接発送したいと思いますが、
  それぞれいつ頃必要でしょうか。
  希望納期を教えていただけると助かります。
  どうぞよろしくお願いいたします。

```

空行で内容（段落）を区切る

　段落ごとに空行をはさむと、読みやすく、内容も伝わりやすくなります。**1段落の目安は5行まで**です。長くなってしまうこともありますが、できるだけコンパクトに文章をまとめるよう普段から気をつけていると、無駄が省かれた読みやすい文章が書けるようになっていきます。

　また、大きく内容が変わる箇所は空行を2行分入れて、他の段落との違いを出してもいいでしょう。

┌─ 空行を入れる ─────────────────────
│
│ 倉庫の在庫リストを確認しましたところ、2005年製が12個、2008年
│ 製が60個、2018年製が126個ございました。各工場の担当者にこち
│ らから直接発送したいと思いますが、それぞれいつ頃必要でしょうか。
│ 希望納期を教えていただけると助かります。
│
│
│
│ 倉庫の在庫リストを確認しましたところ、
│ 2005年製が12個、2008年製が60個、
│ 2018年製が126個ございました。
│
│ 各工場の担当者にこちらから直接発送したいと思いますが、
│ それぞれいつ頃必要でしょうか。
│ 希望納期を教えていただけると助かります。
│

箇条書きで情報を整理する

　案内の詳細やデータは文章にすると整理しづらくなることも。記号をうまく使ったり、リスト化して番号を振るなど工夫して、**パッと見で理解できる箇条書きにしましょう。**

倉庫の在庫リストを確認しましたところ、2005 年製が 12 個、2008 年製が 60 個、2018 年製が 126 個ございました。各工場の担当者にこちらから直接発送したいと思いますが、それぞれいつ頃必要でしょうか。

倉庫の在庫リストでは以下のとおりです。

2005 年製：12 個
2008 年製：60 個
2018 年製：126 個

各工場の担当者にこちらから直接発送したいと思いますが、
それぞれいつ頃必要でしょうか。

●危険物取扱講習の開催要項
・日時：6 月 30 日（金）10：00 ～ 12：00
・場所：2 階会議室
・持ち物：事前配布アンケート・筆記具

記号、罫線、「」を活用する

　上記の箇条書きでは記号（・、●）を使うことで項目を目立ちやすく、差別化させています。そのほか、罫線で区切って文章の内容を範囲指定したり、「」（かぎかっこ）で固有名詞を強調するのも**文章にメリハリを付ける手段の 1 つ**になります。ただし、使い過ぎると乱雑で稚拙な印象になるのでほどほどに。

┌─ 使える記号や罫線の例 ─
・ ● ○ ◎ ■ □ ◆ ◇

――――――――――――――――――――――――――

==================================

-*-

┌─ 罫線を使った範囲指定の例 ─
それぞれいつ頃必要でしょうか。
以下の中からお選びいただけると幸いです。

――――――――――――――――――――

（１）７月上旬　　（２）７月中旬　　（３）７月下旬

（４）８月上旬　　（５）８月中旬　　（６）８月下旬

（７）９月上旬　　（８）９月中旬　　（９）９月下旬

――――――――――――――――――――

環境依存文字を使わない

　箇条書きにする際、「①、②…」と丸囲み数字を使いたくなりますが、これは「環境依存文字」と呼ばれ、メールを見る相手の環境によって、文字そのものや、メール全体が正しく表示されない可能性があります。使用は避けましょう。

┌─ 環境依存文字の例 ─
半角カタカナ：ｱｲｳｴｵｶｷｸｹｺ…　　　ローマ数字：ⅠⅡⅢⅣⅤ…

丸囲み数字：①②③④⑤…　　　省略文字：№℡㈱㈲㈹昭和平成令和

単位：㎜ ㎝ ㎞ ㎎ ㎏ ㏄ ㍉ ㌔ ㌢ ㍍ ㌘ ㌧ ㌃ ㌶ ㍑ ㍗ ㌍ ㌦ ㌣ ㌫ ㌻ ㌳

ビジネスメールの「署名」は
名刺代わり

メールには常に署名を付ける

　ビジネスメールでは、本文の後に必ず自分の氏名や所属などの情報をまとめた署名を付けるようにします。メールのやり取りをしている相手が、電話で相談をしたいとき、請求書を郵送したいとき、電話番号や住所がメールに記されていると大変便利だからです。

　署名には名刺と同じくらいの情報を盛り込みましょう。具体的には「**会社名**」「**部署名**」「**氏名（読み仮名）**」「**電話番号**」「**FAX番号**」「**郵便番号・住所**」「**メールアドレス**」「**会社WEBサイトのURL**」などが挙げられます。

お知らせや近況を添えることもできる

　署名はメールソフトに、あらかじめ登録しておきます。メールソフトによっては署名を複数登録して、メールを作成する際に選んで使えるものもあります。基本の署名の他に、社内の人向けのものなど使い分けが可能です。

　また、短いお知らせや宣伝、近況報告などを加えることもできます。たとえ宣伝であっても、営業に目的を絞ったメールが送られてくるのと違い、相手も気構える必要がありません。「一度作ったら終わり」ではなく、**情報発信のスペースとして、活用していきましょう。**

署名の見栄えにもこだわる

　上下を罫線などではさむのが一般的です。装飾をほどこすこともできますが、賑やか過ぎるとふざけているように捉えられることも。送った先の社内でメールが転送され、上の立場の方が見る可能性も考慮して、社会人としてふさわしい署名にします。

署名の例①（シンプルな署名）

```
――――――――――――――――――――――――――――――
株式会社虹色商事 営業部 営業 2 課　　伊藤 晶（ITO Sho）
〒 ***-****　東京都千代田区 ****************
TEL：03-****-****　/　FAX：03-****-****
Mail：s-ito@*******.com　/　WEB：https://www.******.com
――――――――――――――――――――――――――――――
```

署名の例②（シンプルな署名＋お知らせ）

```
■■□――――――――――――――――――――――□■■
株式会社虹色商事 営業部 営業 2 課　　伊藤 晶（ITO Sho）
〒 ***-****　東京都千代田区 ****************
TEL：03-****-****　/　FAX：03-****-****
Mail：s-ito@*******.com　/　WEB：https://www.******.com
・・・・・・・・・・・・・・・・・・・・・・・・・・・・・・・・・・・・・・・・・・
弊社 1F ショールームにてポスター展開催中です！（～ 10/5）
■■□――――――――――――――――――――――□■■
```

見てほしいWEBサイトのURLを貼るのも効果的です。

「添付ファイル」の取り扱いは慎重に

送信可能かあらかじめ問い合わせる

メールはWord・Excel文書やPDF、画像などのファイルを添付して送ることができます。ビジネスメールでは見積書や請求書などの重要書類や、資料のやり取りなどで頻繁に使う機能ですので、改めてマナーを確認しておきましょう。添付ファイルで問題となるのは主に以下の2点です。

①ファイルサイズ

サーバーの設定など相手の環境によっては、受信できる添付ファイルのサイズに制限があります。また、大きなファイルは受信に時間がかかるため、迷惑に思われることがあるかもしれません。

目安として、**ファイルサイズの合計が2MBを超える場合は、送っても問題ないか、相手にあらかじめ確認すると安心です。**「3MBのファイルをお送りしたいのですが、よろしいでしょうか」などと具体的なファイルサイズを伝えましょう。

ファイルサイズが大きく受信できない場合には、オンラインのファイル転送サービスを使う場合もあります。パスワードを設定できる

メールでも
送れるけど…

資料

大丈夫ですよ

TO ○○社 鈴木花子
件名 資料について

鈴木様
お世話になっております。
○○の資料ですが
メールに添付して送っても
よろしいでしょうか。

サービスが多いですが、情報漏洩の危険性があるため個人情報や機密情報を含むファイルの転送にはおすすめしません。最近では、外部サーバーへのファイルのアップロードを禁止している企業もあり、独自のファイル転送方法を指定している場合もあります。

②ファイル形式

　相手が**ファイルに対応したアプリケーションを持っていない場合、ファイルが届いても開くことができません。**WordやExcelなど多くの人が使うものであれば確認は必要ありませんが、そうでなければ「AutoCADで作成した図面（拡張子「.dwg」）をお送りしたいのですが、ご確認いただくことは可能でしょうか」などと確認のメールを送ります。ファイルの種類を説明する際は、拡張子の情報を添えると相手が判断しやすくなります。

添付ファイルにまつわるミスを防ぐ

　添付ファイルは、「添付し忘れ」「誤ったファイルの添付」といったミスも起こりがちですので注意しましょう。

　ファイルを添付してメールを送る際には「〇〇を添付いたします」と本文にひと言添えるようにしましょう。そうすると、万が一添付を忘れてしまっても、相手が「添付が漏れていますよ」と連絡をくれ、「送ったつもり」で放置する事故を防ぐことができます。

　また、思いついたタイミングでメール添付の操作をしていると、どうしても添付漏れにつながります。「送信ボタンを押す前に添付する」「メール作成画面を開いたらすぐ添付する」など自分の作業ルールを作ることも、ミスを減らす対策の1つとなるでしょう。

　さらに、**送信ボタンを押す前に、添付したファイルが正しいか再度チェックをしましょう。**ファイルの誤送信は情報漏洩につながり、大問題に発展しかねません。

「返信」「転送」の
マナーを守る

「返信」「全員に返信」「転送」の違い

　多くのメールソフトでは、メイン画面や個別のメールウィンドウに「返信」「全員に返信」「転送」といったボタンがあります。それぞれの役割を理解して、間違った使い方をしないようにしましょう。

返信（送信者のみに返信）

　受信したメールの送り主にだけ返信します。元のメールの件名の頭に自動で「Re:」などが付き、返信であることがわかるようになります。基本的に件名は編集しませんが、メールソフトによっては返信を重ねるたびに「Re:」が増えて見にくくなるため、1つだけ残して、増えた「Re:」を消していってもよいでしょう。

全員に返信

　受信したメールを自分以外の人も受け取っている場合、その全員に返信メールを送って情報を共有します。元のメールの送信者がTO（宛先）に入り、CCでメールを受け取った人は再びCCに入って、メールが送られます。件名は「返信」と同様です。

─「返信」した場合と「全員に返信」した場合──────

Bさんの受信画面	Bさんが「返信」	Bさんが「全員に返信」
FROM A TO B,C CC D	FROM B TO A CC	FROM B TO A,C CC D

転送

そのメールを受け取っていない人に、内容ややり取りを伝えるときに使います。元のメールの件名の頭に「Fw:」や「Fwd:」が付いて、転送であることがわかるようになります。

メールを転送する理由を明確に伝えたうえで、転送元のメールを編集せずにそのまま送ります。

メールを転送する理由を明確にする

吉田課長

お疲れ様です。伊藤です。

令和物産の田中様から以下のようなご相談がありました。
どのようにご対応すればよいか、ご指示いただけますでしょうか。

伊藤晶

＜以下、受信メール＞

返信が必要なメールかどうかを考える

メールは基本的にTO（宛先）に入っている人が対応します。ただし、CCとして受け取ったメールに返信してはいけないというルールはなく、「TO」の人が休暇中で代わりに対応するときに「○○に代わりまして〜」などと添え、返信することもできます。

また「全員に返信」は、そのメールがTOで送られる人以外にも返信が必要かどうかを考えて使いましょう。不要なメールは、相手の仕事を妨げてしまう可能性もあるのです。必要なければ、「返信」で送信者にのみ送るようにします。

「引用」を使って
対話形式のやり取りにする

「引用」で情報を整理しよう

　ビジネスメールでは、質問に答える、依頼に対応する、などの
やり取りの往復が続きます。また、1つの用件（案件）が終わるま
では新規でメールを作成せず、前回のメールに返信しながら仕事
を進めていくこともあるため、情報が複雑になることで齟齬が生じ
たり、対応に漏れが出やすくなります。

　そこで、便利に使えるのが「引用」です。引用を使って過去の
メールでのやり取りを提示することで、**情報の特定が容易になり、
状況を整理しやすくなります。**

　引用する際は、内容を編集してはいけません。引用された部分は
「>」などの記号が行頭に付いて表示されます。

「引用」は2種類ある

　「全文引用」と「部分引用」の2種類の方法があります。

全文引用

　受信したメール全体を引用し、今回送るメール本文の下に配置
されます。過去の話題を探すときに、今までやり取りしたメールを
検索する必要がなくなりますが、やり取りが繰り返されると引用部
分がどんどん増えて長くなり過ぎてしまうこともあります。引用され
るのは本文部分のみで、添付ファイルは付きません。

部分引用

　受信したメールから部分的に抜き出し、本文中で提示する方法

です。質問を受けたとき、質問の内容を部分引用してその下に回答を書く、というように使います。質問が複数ある場合にも、質問と回答を対に並べることで情報が整理され、回答漏れを防ぐ効果もあります。

部分引用で回答する例

> セミナー受講者について、昨年までと違いはありますか。
> 動向を踏まえて次回セミナーの打ち合わせをしたいと考えています。

いくつか違いがあります。
打ち合わせの1週間前までにデータをまとめてお送りいたしますので、
ご確認ください。

> オンラインの打ち合わせと直接ご来社いただくのでは、
> どちらがよろしいでしょうか。

参加人数も多くなってしまうため、オンラインを希望します。

ただし、引用する部分を正しく判断しないと相手の期待と異なる対話になってしまったり、冷たい印象を与えてしまう可能性があります。前後の文脈がわかる範囲で引用し、ぞんざいな回答をしないよう心がけましょう。

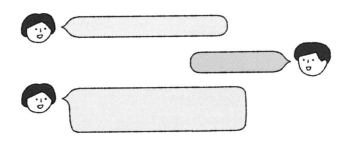

取り返しのつかないトラブルを防ぐ
メール送信前チェックリスト

　メールは、相手が消去しない限り、半永久的にデータが残ります。
送信ボタンを押す前に、ミスがないか最終チェックしましょう。

- [ ] 宛先 (TO、CC、BCC) は間違っていない?
- [ ] 内容の伝わる具体的な件名になっている?
- [ ] 送信者名は「会社名＋氏名」になっている?
- [ ] 宛名は間違っていない? (会社名＋部署名＋氏名＋様が基本)
- [ ] 書き出しの挨拶は関係性やタイミングに合っている?
- [ ] 名乗りは間違っていない? (会社名＋部署名＋氏名が基本)
- [ ] 要旨から始まっている?
- [ ] 詳細は読みやすくレイアウトされている?
  - ・20 〜 30文字で改行している
  - ・段落を空行で区切っている
  - ・必要に応じて箇条書きを使っている
  - ・記号・罫線を効果的に使っている
  - ・環境依存文字を使っていない
- [ ] 結びの挨拶で終わっている?
- [ ] 署名は適切に付いている?
- [ ] 1メール1用件になっている?
- [ ] 誤字・脱字はない?
- [ ] 失礼な表現になっていない?
- [ ] ファイルの添付忘れ・誤りはない?
- [ ] メールはテキスト形式になっている?

OK!

シチュエーション別 文例集

使い慣れた言葉でメールを書くと、相手に伝わりやすいメールになります。しかし、相手の立場や伝えたい内容次第で「その場に合った適切な表現」は変わるため、フレーズにバリエーションが必要です。より丁寧な表現を使ったり、言い方を変えたり、心遣いを添えたり……さまざまなフレーズを、使いたい場面ごとに紹介します。

メールの書き出し

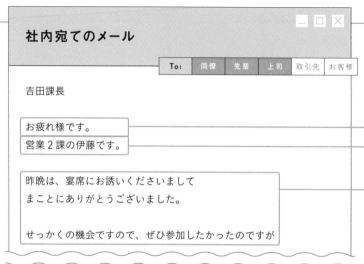

社内宛てのメール

To: 同僚 先輩 上司 取引先 お客様

吉田課長

お疲れ様です。
営業2課の伊藤です。

昨晩は、宴席にお誘いくださいまして
まことにありがとうございました。

せっかくの機会ですので、ぜひ参加したかったのですが

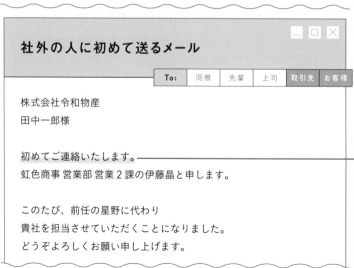

社外の人に初めて送るメール

To: 同僚 先輩 上司 取引先 お客様

株式会社令和物産
田中一郎様

初めてご連絡いたします。
虹色商事 営業部 営業2課の伊藤晶と申します。

このたび、前任の星野に代わり
貴社を担当させていただくことになりました。
どうぞよろしくお願い申し上げます。

第2章 文例集

書き出し
結び
お礼 感謝
依頼 提案
相談 質問
了承 回答
断り
案内 報告
催促
謝罪
決意 反省
抗議
称賛
お祝い お見舞い
申請

書き出しは、「宛名」「挨拶」「名乗り」の順番で構成します。この流れを覚えてしまえばOKなので、頭を悩ます必要はありません。ただし、最初に目に入る部分ですので間違いのないように。

POINT

社内宛てのメールには「お疲れ様です」が一般的ですが、朝は「おはようございます」とするなど使い分けます。

POINT

他の人と混同されないよう、相手との関係性を考慮して名乗ります。

POINT

名乗りの後に要旨を書きます。名乗りと要旨の間には空行を入れます。

言い換え

○ お世話になります。
○ 突然のメールにて失礼いたします。

COLUMN 慣れるまでは礼儀正しい挨拶を

礼儀正しい挨拶は社会人のマナーです。宛名や名乗りも含め、丁寧に書きましょう。相手との距離が近づいたら、徐々に崩してもかまいません。

43

基本の挨拶

お世話になっております。

To:	同僚	先輩	上司	取引先	お客様

例 お世話になっております。虹色商事営業2課の伊藤です。

例 大変お世話になっております。虹色商事の伊藤です。

例 いつもお世話になっております。虹色商事の伊藤です。

> メールの書き出しにもっともよく使われるフレーズ。相手のサポートや協力への感謝の気持ちを伝えます。取引先や関わる機会の多い相手には、「いつも」「大変」などの言葉を加えるといいでしょう。

POINT

> お互いの返信でメールのやり取りが続いているときも、毎回書き出し（挨拶・名乗り）を入れます。この「お世話になっております」のような基本の挨拶で問題はありませんが、P49に挙げる「返信メールの挨拶」を使うこともあります。

平素より大変お世話になっております。

To:	同僚	先輩	上司	取引先	お客様

例 平素より大変お世話になっております。虹色商事の伊藤です。

> 「平素より」は「日頃から」という意味。日常的に付き合いがある取引先や外部の人へ送るメールに使うフレーズです。会社のイベントがあったときや、特別な支援をお願いするときなど、少し改まった場面で使います。

お疲れ様です。

To:	同僚	先輩	上司	取引先	お客様

例 お疲れ様です。営業2課の伊藤です。

> 上司・先輩・同僚など社内の人に使います。具体的にねぎらう内容を書き加えると、相手のことをよく理解していることが伝わり、距離を縮める効果があります。

第2章 文例集

書き出し

結び

お礼 感謝

依頼 提案

相談 質問

了承 回答

断り

案内 報告

催促

謝罪

決意 反省

抗議

称賛

お祝い お見舞い

申請

立て続けのご連絡にて失礼いたします。

| To: | 同僚 | 先輩 | 上司 | 取引先 | お客様 |

例 立て続けのご連絡にて失礼いたします。虹色商事の伊藤です。

短時間に複数のメールを送る際に使います。本来、ビジネスメールは用件を1通にまとめて送るものですが、時間経過とともに追加情報が入った場合などに使います。

POINT

同じ相手から短時間に何度もメールが送られてくると、煩雑と感じる人もいるため、相手へ配慮を示します。

お忙しいところ失礼いたします。

| To: | 同僚 | 先輩 | 上司 | 取引先 | お客様 |

例 お忙しいところ失礼いたします。虹色商事の伊藤です。

例 ご多用のところ、メールにて失礼いたします。
虹色商事の伊藤です。

相手が忙しいことが想定されるときなどに使い、相手の状況への配慮の気持ちを表します。「お忙しい」を「ご多用の」「ご多忙の」と言い換えることができます。

平素より格別のお引き立てを賜り、
厚くお礼申し上げます。

| To: | 同僚 | 先輩 | 上司 | 取引先 | お客様 |

例 この度、弊社は創業30周年を迎えることができました。田中様には平素より格別のお引き立てを賜り、厚くお礼申し上げます。

社外への通知書、見積書、依頼書、提案書、詫び状、礼状など、公式の文書を送るときにも使用するフレーズです。「お引き立て」は事情に合わせて「ご高配」「ご協力」「ご配慮」などに言い換えることができます。

初めてご連絡いたします。

| To: | 同僚 | 先輩 | 上司 | 取引先 | お客様 |

例 初めてご連絡いたします。虹色商事の伊藤晶と申します。

例 初めてメールをお送りします。虹色商事の伊藤と申します。

例 初めてメールいたします。2月開催のセミナーに
申し込みをしております虹色商事の伊藤晶です。

会ったことがない相手に、初めてメールを送るときのフレーズ。社外や目上の相手には、「いたします」としたほうが丁寧な印象を与えます。連絡方法がメールの場合、「ご連絡」を「メール」と言い換えることもできます。一度でも対面したことがある相手には、たとえメールを初めて送る場合でもこの表現は使いません。

初めてご連絡を差し上げます。

| To: | 同僚 | 先輩 | 上司 | 取引先 | お客様 |

例 初めてご連絡を差し上げます。虹色商事の伊藤です。

「差し上げます」という謙譲語を使うことで自分がへりくだり、相手への敬意を示すことができます。「ご連絡」を使う「メール」と言い換えることもできます。

お世話になります。

| To: | 同僚 | 先輩 | 上司 | 取引先 | お客様 |

例 お世話になります。虹色商事の伊藤です。

例 虹色商事の伊藤です。このたびは、
新店舗立ち上げのプロジェクトで大変お世話になります。

面識のない相手への初対面の挨拶に加えて、今後の関わりへの期待を込めた表現です。「なっております」とすると、すでに関わりが始まっている印象を与えるため、初めての相手には「なります」がいいでしょう。

突然のメールにて失礼いたします。

| To: | 同僚 | 先輩 | 上司 | **取引先** | **お客様** |

例 このたびは突然のメールにて失礼いたします。
虹色商事の伊藤と申します。

例 業務ご多忙の折、突然のメールで失礼いたします。
虹色商事の伊藤でございます。

対面したことのない相手にメールを送るときのフレーズです。前触れなくメールを送ると相手を驚かせるかもしれないため、ひと言添えておきます。

POINT

社外や目上の相手にはメールよりも訪問や電話をして挨拶するほうが丁寧ですが、現実的には難しいケースが少なくありません。そこで、「本来なら貴社にお邪魔すべきところ、突然のメールで失礼いたします」のように、メールですませることに断りを入れる方法もあります。

○○様のご紹介でメールを
送らせていただきました。

| To: | 同僚 | 先輩 | 上司 | **取引先** | **お客様** |

例 このたびは、田中様のご紹介でメールを送らせていただきました。
虹色商事の伊藤と申します。

例 田中様からメールアドレスを伺い、
メールを送らせていただきました。

面識のない相手に初めてのメールを送るとき、相手は「どこで自分のことを知ったのか」「どこでメールアドレスを入手したのか」気になるものです。上の例のように「○○様のご紹介で」とひと言添えると、安心感につながります。

POINT

「伺う」は謙譲語のため、社内の人に紹介された場合は「弊社の井上からご連絡先を聞き、メールを送らせていただきました」などとなります。

久しぶりの連絡の挨拶

ご無沙汰しております。

To:	同僚	先輩	上司	取引先	お客様

例 ご無沙汰しております。虹色商事の伊藤です。

例 一昨年のプロジェクト以来、大変ご無沙汰しております。

虹色商事の伊藤です。

例 長らくご無沙汰しております。

セキュリティ研修でご一緒させていただいた伊藤です。

久しぶりにメールを送る相手に使います。親しみを感じさせる表現で旧交を温め、今後の業務へとスムーズにつなげていきます。どれぐらいの期間が「久しぶり」なのかは、相手と会っていた頻度や付き合いの深さにもよります。

POINT

しばらく連絡していなかった相手にメールを送る際は、最後に会ったのがいつなのか、どんな場面で会ったのかを具体的にしておくと思い出してもらいやすくなります。

いかがお過ごしでしょうか。

To:	同僚	先輩	上司	取引先	お客様

例 ご無沙汰しております。その後、いかがお過ごしでしょうか。

営業2課の伊藤です。

例 暑い日が続きますが、いかがお過ごしでしょうか。

虹色商事の伊藤です。

しばらく連絡をしていない相手に使います。相手への配慮を示し、近況を尋ねる意味合いもあります。

POINT

「いつのまにか桜の季節となりましたが、いかがお過ごしでしょうか」「酷暑が続きますが、いかがお過ごしでしょうか」など、季節の挨拶を入れると、フォーマルな表現になります。

返信メールの挨拶

確認いたしました。

To: 同僚 先輩 上司 取引先 お客様

書き出し

結び

感謝 お礼

提案 依頼

質問 相談

回答 了承

断り

報告 案内

催促

謝罪

反省 決意

抗議

称賛

お見舞い お祝い

申請

例 いただいたメールを確認いたしました。

確実に「メールを読んだ」と相手に伝えるためのメッセージです。「確認」の代わりに「拝読」という言葉を使うと、よりフォーマルになります。

ご返信いただき、ありがとうございます。

例 ご返信いただき、まことにありがとうございます。

こちらから送ったメールに返信があったときに使います。ビジネスメールに返信するには、それなりに時間と手間がかかります。メールの内容に関わらず、ひとまず返信をくれたことに感謝の言葉を述べましょう。

早速のご返信をありがとうございます。

例 早速のご返信をまことにありがとうございます。

メールを送った相手がスピーディにリアクションしてくれたときに使います。すばやい返信は仕事を早く進めるうえで役立つので、お礼の言葉を述べます。

返信が遅くなり、申し訳ございません。

例 出張続きで返信が遅くなり、まことに申し訳ございません。

こちらの返信に時間がかかったとき、まずメール文の冒頭で謝罪します。親しい相手なら、遅れた理由を書いて事情を察してもらってもかまいません。社外の人に対しては、遅れた理由を書くと言い訳めいて見えるので控えめに。

名乗り

◎◎(部署名)の□□です。

To: 同僚 先輩 上司 取引先 お客様

例 横浜支社営業2課の伊藤です。

例 営業2課の伊藤晶と申します。

社内の人にメールを送るときは、相手にわかるように部署名と名前を告げます。

□□です。

To: 同僚 先輩 上司 取引先 お客様

例 伊藤晶です。

例 営業2課の伊藤です。

例 伊藤です。

社内で普段からやりとりが多く、名乗ればわかる相手なら、挨拶の後に名前を付けるだけで通じます。同じ姓の人が複数いるなら、フルネームや部署名を付けて名乗りましょう。

新入社員の□□です。

To: 同僚 先輩 上司 取引先 お客様

例 本年4月に入社しました新入社員の伊藤です。

例 営業2課に配属されました新入社員の伊藤です。

例 先日、ご挨拶させていただいた新入社員の伊藤です。

ひと言で新入社員といっても、複数いれば個人をすぐに特定できないので、相手がわかる情報を付け加えましょう。初めて名乗るときに、「申します」と謙譲語を使うことで丁寧な印象を与えます。

POINT

名乗りは挨拶の後に改行をはさんで入れることが多いですが、名乗った後に挨拶を入れても構いません。

第2章 文例集

書き出し
結び
感 お礼
謝
提 依頼
案
質 相談
問
回 了承
答
断
り
報 案内
告
催促
謝罪
反 決意
省
抗議
称賛
お お祝い
見舞い
申請

◇◇（社名）◎◎（部署名）の□□です。

| To: | 同僚 | 先輩 | 上司 | 取引先 | お客様 |

例 虹色商事営業2課の伊藤です。

社外の人に対して名乗るときは、社名・部署名・名前を明記します。部署名が長く、煩雑に見えるときは省略してもかまいません。

POINT

単に名乗っても相手に通じないことがあるので、「先日、貴社の田中課長よりご紹介いただいた」「先日、名刺交換をさせていただいた」など、相手の印象に残りそうな行動を説明しながら名乗ることもできます。

◇◇（社名）で◆◆（仕事内容）を担当しております□□です。

| To: | 同僚 | 先輩 | 上司 | 取引先 | お客様 |

例 虹色商事で営業を担当しております伊藤です。

例 虹色商事で世田谷エリアの店舗を担当しております伊藤と申します。

社外の人に向けて、自分がどこでどんな仕事をしているのか、端的に知らせる一文です。ビジネスシーンでは、自分の名前は覚えてもらえなくても、社名は記憶されることがよくあります。社外に対しては社名を添えます。

先程お電話をさせていただきました□□です。

| To: | 同僚 | 先輩 | 上司 | 取引先 | お客様 |

例 先程お電話をさせていただきました伊藤です。

電話の直後にメールを送る際のフレーズです。「先程はありがとうございました」と続けると、より丁寧です。

メールの結び

お礼が要旨のメール

To: 同僚 先輩 上司 取引先 お客様

このたびのご協力にお礼を伝えたくメールいたしました。

まことにありがとうございました。

―――――――――――――――――――――――――――

株式会社虹色商事 営業部 営業 2 課　　伊藤 晶（ITO Sho）

〒 ***-****　東京都千代田区 ****************

TEL：03-****-****　/　FAX：03-****-****

Mail：s-ito@*******.com

―――――――――――――――――――――――――――

謝罪が要旨のメール

To: 同僚 先輩 上司 取引先 お客様

ご多忙中、ご迷惑をおかけして申し訳ございませんでした。

引き続きよろしくお願い申し上げます。

―――――――――――――――――――――――――――

株式会社虹色商事 営業部 営業 2 課　　伊藤 晶（ITO Sho）

〒 ***-****　東京都千代田区 ****************

TEL：03-****-****　/　FAX：03-****-****

Mail：s-ito@*******.com

―――――――――――――――――――――――――――

結びは短い文章ではありますが、締めの挨拶としておろそかにできません。また、メールの要旨を再確認してもらうためのポイントにもなっています。

書き出し
結び
お礼 感謝
依頼 提案
相談 質問
了承 回答
断り
案内 報告
催促
謝罪
決意 反省
抗議
称賛
お祝い お見舞い
申請

POINT

メールの最後の締めとなる挨拶なので、丁寧に伝えると相手に与える印象もよくなります。

言い換え

○ 本当にありがとうございました。
○ 今後ともよろしくお願いいたします。

POINT

結びの下には、必ず署名を付けるようにします。

➡ P32 〜 33参照

POINT

メールの要旨に合った結びを選びます。相手への配慮を盛り込むことでも印象が変わります。

COLUMN **適切な結びで信頼関係を高める**

結びはメール全体の印象を左右します。「取り急ぎ〜まで」と締めるのは失礼に感じる人もいるため、使うとしても改めて正式な連絡をするときのみに留めましょう。

基本の結び

よろしくお願いいたします。

To:	同僚	先輩	上司	取引先	お客様

例 お手数ですが、よろしくお願いいたします。

例 何卒よろしくお願い申し上げます。

メールの最後の結びに、もっともよく使われるフレーズです。取引先やお客様には「お願いします」よりも「お願いいたします」を使ったほうが丁寧です。また、依頼をするメールの場合は「お手数ですが」などのクッション言葉を入れることもできます。

引き続きよろしくお願いいたします。

To:	同僚	先輩	上司	取引先	お客様

例 引き続きどうぞよろしくお願いいたします。

例 引き続きご対応のほど、お願い申し上げます。

用件がまだ終わっておらず、引き続きやりとりを重ねる必要があるときに使います。「～のほど」と用件を具体的に示すことで、メールの要旨を再確認してもらえます。

今後ともよろしくお願いいたします。

To:	同僚	先輩	上司	取引先	お客様

例 今後ともご指導くださいますよう、よろしくお願いいたします。

例 今後とも変わらぬお付き合いのほど、よろしくお願い申し上げます。

「これからも長くお付き合いをいただきたい」という気持ちを伝えるフレーズです。一連の用件が終わり、やりとりを終了するときに使います。「変わらぬお付き合いのほど」など、期待する関係性を加えることもできます。

お願いを込めた結び

ご確認（検討・回答・対応）
よろしくお願いいたします。

| To: | 同僚 | 先輩 | 上司 | 取引先 | お客様 |

例 お手数かとは思いますが、ご確認よろしくお願いいたします。

例 ご多忙のところ恐縮ではございますが、

ご回答のほどよろしくお願いいたします。

確認などの、相手にしてもらいたいことの依頼が要旨となるメールに使います。
相手は時間と手間をかけることになるので、丁寧に伝えましょう。

POINT

「（名詞）＋のほど」という表現はいろいろな言葉に使えて便利です。また、
相手にしてもらいたいことを印象づける効果があります。

ご確認（検討・回答・対応）くださいますよう、
よろしくお願いいたします。

| To: | 同僚 | 先輩 | 上司 | 取引先 | お客様 |

例 急なお願いで恐縮ですが、

ご確認くださいますようよろしくお願いいたします。

メールの内容を確認、検討、回答、対応してもらいたいときに使います。尊敬語
の「くださる」を使うことで丁寧な印象を与えます。

お力添えのほど、よろしくお願いいたします。

| To: | 同僚 | 先輩 | 上司 | 取引先 | お客様 |

例 どうかお力添えのほど、よろしくお願いいたします。

例 お力添えのほど、何卒よろしくお願いいたします。

仕事で相手に協力やサポートを頼みたいとき、使うフレーズです。自分の力の及
ばない部分を助けてもらいたいときに使います。

お願いを込めた結び

ご指導ご鞭撻を賜りますよう
お願い申し上げます。

| To: | 同僚 | 先輩 | 上司 | 取引先 | お客様 |

例 今後とも、ご指導ご鞭撻を賜りますようお願い申し上げます。

例 田中様にはいつも教えていただいてばかりですが、

今後ともご指導ご鞭撻を賜りますようお願い申し上げます。

目上の相手から指導や助言をもらいたいときに使う書き言葉です。メールを送る
たびに使う言葉ではなく、案件の終わりやクロージングの際などに使います。

それでは、ご連絡をお待ちしております。

| To: | 同僚 | 先輩 | 上司 | 取引先 | お客様 |

例 ぜひ田中様にご協力をいただきたく存じます。

それでは、ご連絡をお待ちしております。

相手からの返事がほしいときに、最後に付ける一文です。メールを送っただけで
は返事がないこともあるため、あえて念を押す表現です。

○○について、ご教示いただければ幸いです。

| To: | 同僚 | 先輩 | 上司 | 取引先 | お客様 |

例 大変お手数ではございますが、今後のビジネス展開について、

ご教示いただければ幸いです。

例 お恥ずかしい話ですが、その分野にあまり詳しくありませんので、

詳細について、ご教示いただければ幸いです。

ストレートに教えを乞うときに使う表現です。「教えていただけますか?」よりも「ご
教示いただければ」と書くほうが改まった印象を与えます。「幸いです」という表
現には、相手への配慮と「〜してくれればうれしい」というこちらの気持ちを込め
ています。この後に「それでは、よろしくお願いいたします」などと続け、2文で
結びとすることが多いです。

心遣いを込めた結び

今後も変わらぬお引き立てのほど、よろしくお願い申し上げます。

To: 同僚 先輩 上司 **取引先** **お客様**

例 田中様におかれましては、今後も変わらぬお引き立てのほど、
よろしくお願い申し上げます。

現在取り組んでいる案件が終わる際に、今後も取引していただくようお願いする
フレーズです。

ご不明な点などございましたらお気軽にご連絡ください。

To: 同僚 先輩 上司 **取引先** **お客様**

例 本プロジェクトの説明は以上です。
ご不明な点などございましたらお気軽にご連絡ください。

例 ご不明な点などございましたら、
営業2課 伊藤までお気軽にご連絡ください。

何かを説明した後に付ける一文です。漏れなく伝えたつもりでも、相手には疑問
が残ることがビジネスではよくあります。この一文を付けることで、相手が気軽に
質問することができます。

○○様にもよろしくお伝えください。

To: 同僚 先輩 上司 **取引先** **お客様**

例 田中様にもよろしくお伝えください。

例 田中様にも何卒よろしくお伝えください。

メールの相手以外の第三者への配慮を表す表現です。メールの宛先にはないも
のの、相手の側にお世話になった人がいる場合に付け加えます。細かな部分ま
で配慮が行き届いている印象を与えます。この後に「それでは、よろしくお願い
いたします」などと続け、2文で結びとすることが多いです。

相手を気遣う別れの結び

くれぐれもご自愛ください。

To:	同僚	先輩	上司	取引先	お客様

例 寒さ厳しき折、くれぐれもご自愛ください。

例 ご多忙と存じますが、くれぐれもご自愛ください。

「ご自愛ください」は「体を大切にしてください」という意味。相手に敬意を込めて使います。「お体をご自愛ください」は間違った表現です。

次回お目にかかれますことを
楽しみにしております。

To:	同僚	先輩	上司	取引先	お客様

例 今回はお会いする機会がございませんでしたが、
　　次回お目にかかれますことを楽しみにしております。

今後もお付き合いをお願いしたい気持ちを込めた一文です。直近で会えなかった人、縁がなかった人に対して使います。

貴社のますますのご清栄をお祈りいたします。

To:	同僚	先輩	上司	取引先	お客様

例 今後とも、貴社のますますのご清栄をお祈りいたします。

例 今後とも、貴社のますますのご清栄を祈念いたします。

取引先など企業に対する定型フレーズです。「ご清栄」は「ご発展」「ご繁栄」などに言い換えることができます。

POINT

企業に対しては「貴社」、財団法人や社団法人などの団体に対しては相手の名称に応じて「貴協会」「貴組合」「貴機構」など、銀行には「貴行」、学校には「貴学」「貴校」、病院には「貴院」などと言い換えます。

感謝を伝える結び

このたびは、メールをいただき ありがとうございました。

| To: | 同僚 | 先輩 | 上司 | 取引先 | お客様 |

例 このたびは、ご丁寧なメールをいただきありがとうございました。

用件を述べた後で、メールをもらったことに改めて感謝の気持ちを伝えます。

最後までお読みいただき、 まことにありがとうございました。

| To: | 同僚 | 先輩 | 上司 | 取引先 | お客様 |

例 拙い文章を最後までお読みいただき、

まことにありがとうございました。

長文メールの最後に付け加える言葉です。長文メールを読むには時間がかかるため、目を通してくれた人には感謝の気持ちを伝えましょう。

またのご縁がありましたら よろしくお願いいたします。

| To: | 同僚 | 先輩 | 上司 | 取引先 | お客様 |

例 今回は残念な結果となってしまいましたが、

またのご縁がありましたらよろしくお願いいたします。

さまざまな事情で今回はお断りした相手に、今後のお付き合いをお願いします。

これまで本当にありがとうございました。

| To: | 同僚 | 先輩 | 上司 | 取引先 | お客様 |

例 これまでのご協力やご厚情、本当にありがとうございました。

長くお世話になった人に、最後に送るお礼の言葉です。異動や退職など、大きな変化があったときに使うフレーズですので、多用は控えます。

改めて連絡するときの結び

後ほど改めてお電話させていただきます。

To:	同僚	先輩	上司	取引先	お客様

例 ご質問の件、社内にて確認し、

後ほど改めてお電話させていただきます。

例 メールでは伝わりにくいと思いますので、

後ほど改めてお電話させていただきます。

普段はメールでやりとりしていても、時には電話のほうがニュアンスや思いが伝わりやすいケースがあります。文章にまとめるのが難しい内容を説明するときや、何かをお願いするとき、謝罪するときなどは、電話という選択肢も視野に入れ、メールの後に電話で連絡することを前提としたひと言を入れましょう。

メールにて恐縮ですが、
取り急ぎお詫び申し上げます。

To:	同僚	先輩	上司	取引先	お客様

例 本来なら伺うべきところをメールにて恐縮ですが、

取り急ぎお詫び申し上げます。

例 メールで心苦しいのですが、取り急ぎお詫び申し上げます。

一刻も早く相手に謝る必要があるとき、取り急ぎお詫びの気持ちを伝えます。この後、訪問や文書、電話などで、さらに謝罪するのが丁寧な対応です。

まずはご報告まで。

To:	同僚	先輩	上司	取引先	お客様

例 改めて書面にて回答をお送りいたしますが、まずはご報告まで。

物事の結果や経過などを端的に知らせるメールの最後に付けます。他にもいろいろ伝えなくてはいけない事項があるものの、このメールでは要点の報告のみに留めたことを表しています。

謝罪メールの結び

大変申し訳ございません。

| **To:** | 同僚 | **先輩** | **上司** | **取引先** | **お客様** |

例 心ならずもご気分を害してしまい、大変申し訳ございません。

例 田中様にはご迷惑をおかけし、大変申し訳ございません。

ストレートな謝罪の表現です。「不測の事態とはいえ」「前任者の連絡不足で」といった見苦しい言い訳は書かずに、素直に謝るほうが好感を持たれます。

何卒ご理解賜りますようお願いいたします。

| **To:** | 同僚 | 先輩 | 上司 | **取引先** | **お客様** |

例 田中様にはご迷惑をおかけいたしますが、
何卒ご理解賜りますようお願いいたします。

例 営業2課一丸となって取り組んで参りますので、
何卒ご理解賜りますようお願いいたします。

相手にとっては好ましい事態ではないものの、なんとか納得してもらいたいときに使う表現です。「ご理解いただけますよう」とするよりかしこまった表現を選びます。

重ねてお詫び申し上げます。

| **To:** | 同僚 | 先輩 | 上司 | **取引先** | **お客様** |

例 当方の手違いにより、ご迷惑をおかけしました。
重ねてお詫び申し上げます。

例 重ね重ねお詫び申し上げます。

大きなミスをしたときや相手に多大な迷惑をかけたときは、同一メール内で2回以上お詫びの言葉を述べます。その際、2回目は上の例のように、1回目よりも深い表現を用います。

書き出し
結び
お礼 感謝
依頼 提案
相談 質問
了承 回答
断り
案内 報告
催促
謝罪
決意 反省
抗議
称賛
お祝い お見舞い
申請

お礼・感謝のメール

納品完了のお礼をする

⬜ 🔲 ❌

| To: | 同僚 | 先輩 | 上司 | 取引先 | お客様 |

株式会社令和物産
田中一郎様

いつも大変お世話になっております。
虹色商事の伊藤晶です。

本日、田中様のご協力のおかげで
無事すべての発注元に納品することができました。
まことにありがとうございます。

わたくしの不手際で輸送の遅れが生じた際にも
田中様には各方面への調整にご尽力いただき、
スケジュール内に完了できましたこと
重ねて深謝いたします。

またお願いをする機会もあるかと存じますが
変わらぬお引き立てのほど、よろしくお願い申し上げます。

————————————————————————————
株式会社虹色商事 営業部 営業2課　　伊藤 晶（ITO Sho）
〒 ***-****　東京都千代田区 ****************
TEL：03-****-****　 / 　FAX：03-****-****
Mail：s-ito@*******.com
WEB：https://www.******.com
————————————————————————————

助けてもらったり、相談にのってもらったりしたときは、すぐにお礼を
伝えるようにしましょう。シーンによってフレーズを選べると、より効
果的です。

POINT

お礼の目的を冒頭で明確にします。「〜のおかげで」と入れ
るとそれだけで感謝していることが伝わる内容になります。

言い換え

○ 感謝の気持ちでいっぱいです。
○ 心より感謝申し上げます。

POINT

お礼をする理由を具体的に入れると、より感謝の気持ちが
伝わりやすくなります。

POINT

結びでも丁寧にお礼するとともに、次につながる関係を希望
する旨を伝えます。

COLUMN **「感謝」は社会人のマナー**

相手に何かしてもらったときに感謝の気持ち
を伝えるのは、社会人としてのマナー。相
手との信頼関係を築くための第一歩でもあ
ります。

63

感謝する

ありがとうございます。

To:	同僚	先輩	上司	取引先	お客様

例 いつもありがとうございます。

例 アンケートにご協力いただきまして、

まことにありがとうございます。

「ありがとう」の気持ちは公私を問わず、人間関係を築き上げていくうえでの基本です。ビジネスでも例外ではなく、どんな小さなことでもお世話になったら、「ありがとうございます」とメールにひと言添えるようにしましょう。

POINT

「ご返信いただき、ありがとうございます」というように、メールの冒頭でもよく使うフレーズです。

ありがとうございました。

To:	同僚	先輩	上司	取引先	お客様

例 企画書へのご指摘をありがとうございました。

例 この度は弊社商品をご購入いただき、

まことにありがとうございました。

過去に受けた指導や、すでに終わった事柄に対してお礼を述べるものです。何かでお世話になった後、最初に送るメールに書くようにしましょう。

～のお礼をと思い、ご連絡を差し上げました。

To:	同僚	先輩	上司	取引先	お客様

例 先日のお礼をと思い、ご連絡を差し上げました。

お礼を要旨とするメールに使います。この後に続く本文では、うれしかった内容やそれにより得た結果などを具体的に書き、改めて感謝を伝えます。

書き出し
結び
お礼 感謝
依頼 提案
相談 質問
了承 回答
断り
案内 報告
催促
謝罪
決意 反省
抗議
称賛
お祝い お見舞い
申請

感謝しております。

To: 同僚　先輩　上司　取引先　お客様

例 貴社にはいつもお引き立てをいただき、大変感謝しております。

例 令和物産の案件ではいつもフォローしていただき、
感謝しています。

「ありがとうございます」は単文でも使えますが、「感謝しています」は何について感謝しているのか、前文で説明が必要です。

感謝の気持ちでいっぱいです。

To: 同僚　先輩　上司　取引先　お客様

例 プロジェクトではいろいろとお手伝いいただき、
感謝の気持ちでいっぱいです。

例 課長にはいつもご指導いただき、
感謝の気持ちでいっぱいです。

「感謝しています」よりもさらに感謝の気持ちが深いことを伝える一文です。「いっぱい」という言葉にはフレンドリーな響きがあり、近しい距離感の相手に親しみを込めて使います。

大変うれしく思います。

To: 同僚　先輩　上司　取引先　お客様

例 忘年会に大勢出席していただいて、
幹事として大変うれしく思います。

例 先日のプレゼンを褒めていただいたこと、
大変ありがたく思っております。

「自分がうれしいと感じている」と伝える表現で、間接的に相手への感謝の気持ちを表しています。同様に「ありがたいです」「助かります」「幸いです」などの言葉でも、自分の気持ちを通して感謝を伝えることができます。

感謝する

大変感激しています。

| To: | 同僚 | 先輩 | 上司 | 取引先 | お客様 |

例 先日のレポートに高評価をいただき、大変感激しています。

例 このたびは3セットもご購入いただき、大変感激しております。

「うれしく思います」よりも、さらに喜びが大きいことを伝える表現です。仕事で実績を挙げたときや、何かで高い評価を受けたときなどに感謝の気持ちを込めて使います。「感激しています」のかたちは目上の相手に使うにはややカジュアルなため、礼節を重んじる場面では、「感謝を申し上げます」などと言い換えたほうがよいでしょう。

心より感謝を申し上げます。

| To: | 同僚 | 先輩 | 上司 | 取引先 | お客様 |

例 クレーム対応のポイントについて
時間をかけてご指導いただき、心より感謝を申し上げます。

例 昨日は久々の訪問だったにもかかわらず、
温かく迎えていただき、心より感謝を申し上げます。

「大変感激しております」と同じぐらい深い感謝の気持ちを、落ち着いた表現で伝えるものです。

重ねてお礼申し上げます。

| To: | 同僚 | 先輩 | 上司 | 取引先 | お客様 |

例 田中様にはご紹介のみならず、
打ち合わせの設定までしていただき、重ねてお礼申し上げます。

例 何度もご丁寧なメールをいただきましたこと、
重ね重ねお礼申し上げます。

既にお礼の気持ちを述べた後で改めて感謝を伝えたいときや、お礼を述べたいことが1つではなく、いくつもあるときに「重ねて」という言葉を使います。「重ねて」を「重ね重ね」と言い換えてもかまいません。

第2章 文例集

書き出し

結び

お礼 感謝

依頼 提案

相談 質問

了承 回答

断り

案内 報告

催促

謝罪

決意 反省

抗議

称賛

お祝い お見舞い

申請

厚くお礼申し上げます。

| To: | 同僚 | 先輩 | 上司 | 取引先 | お客様 |

例 平素より弊社をお引き立ていただき、厚くお礼申し上げます。

会社対会社のフォーマルな挨拶に使われる定型フレーズです。「厚く」の代わりに「心より」と言い換えることもできます。

格別のお引き立てをいただき
ありがとうございます。

| To: | 同僚 | 先輩 | 上司 | 取引先 | お客様 |

例 平素より格別のお引き立てをいただきありがとうございます。

これも上のフレーズと同様に会社対会社のフォーマルな挨拶文で、メールの冒頭にも使います。

お礼の申し上げようもございません。

| To: | 同僚 | 先輩 | 上司 | 取引先 | お客様 |

例 田中様には特別なお取り計らいをいただき、
お礼の申し上げようもございません。

「これ以上ないぐらい感謝している」「言葉で表せないぐらい感謝している」という意味で使います。最大級のお礼の言葉として覚えておきましょう。

深謝いたします。

| To: | 同僚 | 先輩 | 上司 | 取引先 | お客様 |

例 日頃より田中様には格別なご配慮を賜り、深謝いたします。

「深謝」とは「深い感謝」を表す言葉です。「深いお詫び」という意味もありますが、感謝の気持ちを表す言葉として使われるケースが多く見られます。

67

へりくだって感謝する

〜いただき、恐れ入ります。

To:	同僚	先輩	上司	取引先	お客様

例 企画書の構成だけでなく、
内容にまで目を通していただき、恐れ入ります。

例 このたびは付属品まで当社製品で揃えていただき、
恐れ入ります。

「恐れ入る」は「相手に対して感謝する」という意味ですが、「相手の力量や実力に感服する」という意味も含まれています。相手を持ち上げ、自分が相手の実力を大いに認めていることを伝えられる便利な言葉です。

〜いただき、恐縮です。

To:	同僚	先輩	上司	取引先	お客様

例 私まで誘っていただき、恐縮です。

例 ご指名いただき、恐縮です。

例 弊社にお声をかけていただき、恐縮しております。

「恐縮です」は「恐れ入ります」とほぼ同じ意味です。相手の厚意に感謝し、「予想以上の厚遇に思わず緊張してしまうほどうれしい」という気持ちを表しています。

痛み入ります。

To:	同僚	先輩	上司	取引先	お客様

例 ご忠告痛み入ります。

例 先日は弊社新支店開業にわざわざ祝電をいただき、
お心遣い痛み入ります。

例 田中様にはかねてより数々のご教示をいただき、
ご厚情痛み入ります。

「痛み入る」は相手に何かしらの便宜を図ってもらったとき、お礼を述べる際に使う言葉です。改まった表現ですので、社外の人に対して使います。

協力に感謝する

第2章 文例集

書き出し

結び

お礼 感謝

依頼 提案

相談 質問

了承 回答

断り

案内 報告

催促

謝罪

決意 反省

抗議

称賛

お祝い お見舞い

申請

○○様のおかげで〜

To: 同僚 先輩 上司 取引先 お客様

例 田中様のおかげで、素晴らしい時間を過ごすことができました。

例 先輩のおかげで、成約にこぎつけることができました。

「○○のおかげで〜」という表現は日常生活でもよく使います。ビジネスシーンでも、特定の相手のアドバイスやサポートにより自分によい結果がもたらされたときに、相手への感謝の気持ちを込めて用います。

POINT

特定の相手ではなく、複数の人に感謝の気持ちを伝えたいときは、「おかげさまで〜」と書くといいでしょう。例えば、「おかげさまで、新天地でのびのびと営業しております」などの挨拶文に使えます。

ありがたいことに〜

To: 同僚 先輩 上司 取引先 お客様

例 ありがたいことに、部長のお口添えのおかげで
令和物産の案件は前へ進みそうです。

特定の人や企業・団体などのサポートを受けて物事がうまくいきそうなときや、うまくいったときに、「ありがたいことに〜」と相手を名指しし、感謝の気持ちを伝えます。

協力の元で〜

To: 同僚 先輩 上司 取引先 お客様

例 先輩の協力の元で、無事に企画書をまとめることができました。

例 田中様のご協力の元で、
弊社展示会を盛況に終えることができました。

サポートしてくれた人、助けてくれた人へのお礼を述べる言葉です。仕事は自分ひとりの力ではできないことばかりですので、常にサポートしてくれた人に感謝の気持ちを伝えることが大切です。

協力に感謝する

お力添えをいただき～

To:	同僚	先輩	上司	取引先	お客様

例 昨日のプレゼンではお力添えをいただき、
ありがとうございました。

例 田中様にはひとかたならぬお力添えをいただき、
心より感謝を申し上げます。

「力添え」はサポートや助言、手助けなどを意味する言葉です。また、言葉でフォローしたり、推薦や助言をすることを「口添え」といい、「力添え」と同様の使い方をします。

ご尽力いただき～

To:	同僚	先輩	上司	取引先	お客様

例 私の外部研修参加にご尽力いただき、ありがとうございます。

例 弊社代理店契約には大変ご尽力いただき、
まことにありがとうございます。

「尽力」は言葉どおり、「精一杯力を尽くす」「最大限に努力する」という意味です。「力添え」よりも重く、時間や手間がかかった事柄に対して使います。

ご支援賜り～

To:	同僚	先輩	上司	取引先	お客様

例 田中様にはいつもご支援賜り、感謝申し上げます。

例 弊社社業につきましては、
ひとかたならぬご支援を賜り、厚くお礼申し上げます。

「支援」はサポートや手助けを意味し、会社対会社のフォーマルなやりとりでは、ビジネス上の契約や取引、オフィシャルな助言・サポートなどを指します。

書き出し

結び

お礼 感謝

依頼 提案

相談 質問

了承 回答

断り

案内 報告

催促

謝罪

決意 反省

抗議

称賛

お祝い お見舞い

申請

心にかけてくださり〜

To: ~~同僚~~ 先輩 上司 取引先 お客様

例 いつも弊社を心にかけてくださり、感謝の言葉もありません。

例 課長がいつも心にかけてくださるおかげで、

新入社員の自分も仕事ができています。

「心にかける」という言葉には、心配りや思いやりなど気持ちの部分が含まれているため、幅広い用途で使うことができます。

POINT

新入社員は人から教えてもらったり助けてもらうことが圧倒的に多いため、「おかげさまで」という意味合いの言葉を使う機会がよくあります。その場合は「おかげさまで」のひと言で終わるのではなく、必ず感謝やお礼の言葉で締めくくるようにしましょう。

助かりました。

To: 同僚 先輩 ~~上司~~ ~~取引先~~ ~~お客様~~

例 令和物産本社への行き方を教えてもらって助かりました。

これからもよろしくお願いいたします。

例 昨日は見積書のミスを指摘してくれて、

とても助かりました。ありがとうございます。

自分の力の至らない部分について、人から協力や助言をもらったことで問題が解決し感謝を伝えるとき、「助かりました」という言葉を使います。

POINT

「助かる」という言葉は労力、苦労、負担、費用などが省ける、「手伝ってもらい楽だ」という意味合いです。立場が下の者の行動と捉えられることがあるため、目上の人の協力を得た場合には「ありがとうございます」と感謝を述べたほうがスマートです。

称賛に感謝する

光栄なことです。

To: | 同僚 | 先輩 | 上司 | 取引先 | お客様

例 部長からお褒めの言葉をいただけたのは、
とても光栄なことです。ありがとうございます。

例 新入社員代表に選ばれ、とても光栄です。
これも課長のご指導のおかげです。

例 次回のプレゼン発表者に選んでいただき、光栄に思います。

日常生活ではあまり使う機会がありませんが、ビジネスでは褒めてもらったとき
や、誇りを感じたときに使います。「光栄」という言葉自体が喜びの気持ちを表
していますが、さらに感謝やお礼の言葉を続けると、より丁寧です。

もったいないお言葉をいただき～

To: | 同僚 | 先輩 | 上司 | 取引先 | お客様

例 もったいないお言葉をいただき、社員一同感激しております。

例 研修では、もったいないお褒めの言葉をいただきました。
まことにありがとうございます。

目上の人や社外の人から褒めてもらったときに、へりくだりつつ感謝を述べるフ
レーズです。

身に余るお言葉をいただき～

To: | 同僚 | 先輩 | 上司 | 取引先 | お客様

例 田中様には身に余るお言葉をいただき、
恐縮でございます。

例 先日のお打ち合わせで身に余るお言葉をいただきましたこと、
大変感謝しております。

相手から褒めてもらったときなどに、「自分のことを実際以上に高く評価しても
らい、感謝している」と謙遜の意味を込めて使うフレーズです。

過去の厚意に感謝する

お世話になりました。

書き出し

結び

お礼 感謝

依頼 提案

相談 質問

了承 回答

断り

案内 報告

催促

謝罪

決意 反省

抗議

称賛

お祝い お見舞い

申請

To: 同僚 先輩 上司 取引先 お客様

例 今までお世話になりました。

例 横浜支社では長期にわたり、大変お世話になりました。

例 本社在籍中は大変お世話になりまして、ありがとうございました。

異動や退職、退任、休業、休職などの際の挨拶として幅広く使えるのが「お世話になりました」というフレーズです。誰に対しても使えます。「ありがとうございました」とつなげると、感謝の気持ちも表明できます。

いつも何かとお気遣いいただき、お礼申し上げます。

To: 同僚 先輩 上司 取引先 お客様

例 田中様にはいつも何かとお気遣いいただき、お礼申し上げます。

感謝の気持ちをきちんと伝えたいときに使われるフレーズです。「お礼申し上げます」とすることで、かしこまった印象にもなります。

POINT

相手への感謝の表現としては、「ひとかたならぬお心遣いをいただきまして」「格別のご配慮をいただきまして」というフレーズもあります。「普通ではない特別な接し方をしてくれてありがとうございます」という意味合いがあります。

その節はありがとうございました。

To: 同僚 先輩 上司 取引先 お客様

例 前回の報告会から早いもので半年が過ぎました。
その節はありがとうございました。

久しぶりに連絡する際、過去の事柄に感謝するときに使うフレーズです。いつ、どこでお世話になったのか具体的に伝えたうえで使います。

依頼・提案のメール

お願いしにくいことを依頼する

To: 同僚 先輩 上司 取引先 お客様

株式会社令和物産
田中一郎様

いつも大変お世話になっております。
虹色商事の伊藤晶です。

新製品の体験会に関し、田中様はじめ令和物産の皆さまには
大変なご尽力をいただき、心よりお礼申し上げます。

厳しいスケジュールで動いてくださっている中で
大変心苦しいのですが、お願いがございます。

現在の企画内容ですと参加者が密集する状況になるため、
オープンスペースの会場候補をリストアップしていただき、
改めて企画内容を調整していただけないでしょうか。

お忙しいところ大変恐縮ではございますが、
よろしくお願いいたします。

————————————————————————————

株式会社虹色商事 営業部 営業2課　　伊藤 晶（ITO Sho）
〒 ***-****　東京都千代田区 ****************
TEL：03-****-****　/　FAX：03-****-****
Mail：s-ito@*******.com

————————————————————————————

無理なお願いや提案でも、受け入れるかどうかは相手が判断することです。相手への配慮は忘れずに、できるだけ誠実に要望やその理由を伝えるようにしましょう。

書き出し

結び

お礼 感謝

依頼 提案

相談 質問

了承 回答

断り

案内 報告

催促

謝罪

決意 反省

抗議

称賛

お祝い お見舞い

申請

POINT

まずお世話になっている相手へのねぎらいや感謝の気持ちを丁寧に伝えます。

POINT

お願いや依頼は相手の仕事を増やすことになります。申し訳ない気持ちや相手への配慮を伝えます。

POINT

何故この依頼が必要なのか、相手に納得して依頼を受けてもらうために理由を明確にします。

言い換え

○ していただければ幸いです。
○ のほど、お願い申し上げます。

COLUMN 関係はギブアンドテイク

よい関係の上司やビジネスパートナーとは、お願いしたりされたりしながら、協力して仕事を進めていくものです。依頼や相談を受けたときも誠意を持って対応しましょう。

依頼する

〜してもらえませんか。

To: 同僚 先輩 上司 取引先 お客様

例 本日中に、今月の出社予定日を記入してもらえませんか。

ビジネスメールでは何かをお願いするシーンがたびたび登場します。書き方ひとつで相手への印象ががらりと変わるため、注意が必要です。普段は気安く接している相手であっても、話し言葉をそのまま文章にすると失礼になることもあるので、丁寧な文面を心がけましょう。

POINT

状況に応じて取引先にも使うことがあります。

〜していただけませんか。

To: 同僚 先輩 上司 取引先 お客様

例 検査合格基準について再検討していただけませんか。

例 昨日送ったメールを確認していただけますか。

上のフレーズと同じく、相手に許可を求めるかたちで、やわらかな印象を与えます。否定文にするとより丁寧に同じ内容を依頼することができます。

〜していただければ幸いです。

To: 同僚 先輩 上司 取引先 お客様

例 ご多用中恐縮ですが、資料を確認していただければ幸いです。

上2つのフレーズと同じ意味ですが、相手に強制するのではなく、より相手の意思を尊重する響きがあります。

POINT

「幸いです」と同じような表現に「助かります」「ありがたいです」があります。

書き出し

結び

お礼 感謝

依頼 提案

相談 質問

了承 回答

断り

案内 報告

催促

謝罪

決意 反省

抗議

称賛

お祝い お見舞い

申請

～をお願いできませんか。

To: | 同僚 | 先輩 | 上司 | 取引先 | お客様

例 来週の会議の司会をお願いできませんか。

例 出張に関わる経費の精算をお願いいたします。

物事を依頼するときに使う表現です。社外の相手には「お願いできませんでしょうか」としたほうが丁寧です。

～のほど、よろしくお願い申し上げます。

To: | 同僚 | 先輩 | 上司 | 取引先 | お客様

例 添付のフォームに必要事項をご記入の上、

改めてご依頼のほど、よろしくお願い申し上げます。

例 当メールにカタログを添付いたしました。

ご査収のほど、よろしくお願い申し上げます。

名詞に「～のほど」を組み合わせると、よりフォーマルな表現になり、目的を強調する効果もあります。

～をお願いしたく、
ご連絡を差し上げた次第です。

To: | 同僚 | 先輩 | 上司 | 取引先 | お客様

例 お振込金額のご確認をお願いしたく、

ご連絡を差し上げた次第です。

例 新規テーマのご提案をお願いしたく、ご連絡を差し上げました。

端的にお願い事を伝えるフレーズです。「差し上げる」という謙譲語を使うことで、相手への敬意を示します。「～した次第です」という表現は物事の成り行きや、今に至るまでの事情を相手に連想させる効果があります。メールの頭に入れることで、要旨を簡潔に伝えるのに役立ちます。

77

ご確認をお願いいたします。

| To: | 同僚 | 先輩 | 上司 | 取引先 | お客様 |

例 契約書の内容に間違いはございませんでしょうか。
ご確認をお願いいたします。

例 次回発表会の詳細が記載されたメールを転送しましたので、
ご確認をお願いいたします。

ビジネスメールでは、日時・場所・納期・商品内容・数量など、業務に関する事柄への確認を促す機会が少なくありません。相手が確認し、異論がなければ承諾したことになるので、次のステップへと進めます。なお、社外の人へは「お願いします」よりも「お願いいたします」としたほうが丁寧です。

確認のため、メールをお送りした次第です。

| To: | 同僚 | 先輩 | 上司 | 取引先 | お客様 |

例 5月分の請求書はお手元に届いていますか。
確認のため、メールをお送りした次第です。

メールの目的を明確にする一文です。こちらからの提案に相手からの返答やリアクションがないとき、提案内容がきちんと届いているか、相手が内容を正確に理解しているかどうか、確認するためにメールを送ることがあります。

いま一度確認したく〜

| To: | 同僚 | 先輩 | 上司 | 取引先 | お客様 |

例 提案書の内容にご不明点はございませんか。
いま一度確認したく、メールを差し上げました。

例 来年度分のシステム保守料は無料ということで
間違いないでしょうか。いま一度確認したく思います。

相手の意向がはっきりしないとき、重要な事項を念のため確認したいときなど、再確認する際に使うフレーズです。相手にしてみれば、同じことを何度も確認されるのは面倒なものです。しかし、「それでも念のためにいま一度確認したい」という意思を明確にします。

提案する

～はどうですか。

To: 同僚 先輩 上司 取引先 お客様

例 リモート商談はどうですか。先方は慣れていらっしゃいます。

例 新サービスのマニュアルを
オンライン配布するのはどうでしょうか。

気の置けない相手に提案したり、依頼したりするときに使う表現です。「どうですか」自体は曖昧な表現のため、何について意向を問いたいのかを明確にします。

～はいかがですか。

To: 同僚 先輩 上司 取引先 お客様

例 明日の会議に技術課の吉田さんも参加してもらっては
いかがですか。

例 オンラインでの打ち合わせはいかがでしょうか。
そのほうが貴社にもお手数がかからないと存じます。

例 次の工場視察は3月でいかがですか。

「～はいかがですか」は、相手に何かを勧めるときなどに便利な言葉です。社外の人には「いかがでしょうか」としたほうが丁寧です。

～をご検討いただけないでしょうか。

To: 同僚 先輩 上司 取引先 お客様

例 弊社新製品をご検討いただけないでしょうか。

例 地産地消をテーマにしたメニューの提案を
ご検討いただけないでしょうか。

例 出荷ロット数の制限緩和をご検討いただけませんか。

こちらからの提案やお願いをストレートに提示するフレーズです。「ご検討」は「ご考慮」「ご採用」などに言い換えることができます。

書き出し
結び
お礼 感謝
依頼 提案
相談 質問
了承 回答
断り
案内 報告
催促
謝罪
決意 反省
抗議
称賛
お祝い お見舞い
申請

提案する

〜いただくことは可能でしょうか。

To:	同僚	先輩	上司	取引先	お客様

例 ご来社いただくことは可能でしょうか。

例 アンケートの集計結果をご送付いただくことは可能でしょうか。

「〜いただくことは可能でしょうか」は、相手に「〜していただきたい」ことを婉曲的に伝える表現です。「可能かどうか」を尋ねるため、相手に交渉の余地があるかどうか見極めることにもつながります。

POINT

「可能でしょうか」は「〜する能力がありますか」という意味で捉えられ、怒りを買う場合もあります。相手やシーンを選んで使いましょう。

〜してもよろしいでしょうか。

To:	同僚	先輩	上司	取引先	お客様

例 次回商談に同行をお願いしてもよろしいでしょうか。

例 吉田さんの分の座席を確保してもよろしいでしょうか。

「〜してもよろしいでしょうか」は相手の意向を探りながら、自分のお願いや提案を伝える言い方です。あくまでも相手の許可を得ることが前提のため、丁重な印象を与えます。

〜をお願いできませんでしょうか。

To:	同僚	先輩	上司	取引先	お客様

例 申請書類の修正をお願いできませんでしょうか。

例 打ち合わせ時間の変更をお願いできませんか。

人に何かを頼むときに使うフレーズです。「〜をお願いします」と言い切ると、命令口調でぶしつけな印象を与えてしまいますが、問いかけの形式にして相手の判断を仰ぐことで、へりくだった印象を与えることができます。

依頼・提案のクッション言葉

恐れ入りますが

| To: | 同僚 | 先輩 | 上司 | 取引先 | お客様 |

例 恐れ入りますが、

15時までに折り返しお電話をいただけませんか。

例 まことに恐れ入りますが、

明日の打ち合わせを延期していただけませんでしょうか。

取引先やお客様など目上の人に対して何かを頼みたいとき、「恐れ入りますが」というクッション言葉を文頭に付けると丁寧な印象を与えます。話し言葉でも使えます。

POINT

「恐れ入ります」と似た言葉に「痛み入ります」がありますが、これは相手の厚意などに感謝するときに使う表現です。依頼や提案のクッション言葉としては使いません。

恐縮ですが

| To: | 同僚 | 先輩 | 上司 | 取引先 | お客様 |

例 恐縮ですが、今月末までにご返答をいただけませんか。

例 まことに恐縮ですが、

鈴木様のご連絡先を教えていただけませんか。

例 大変恐縮ではございますが、

鈴木様にもお伝えいただけますか。

例 ご多忙中恐縮ではございますが、

本日中にアンケートのご返送をお願いいたします。

上の例文でクッション言葉を使わない場合、「○○様のご連絡先を教えてください」というストレート過ぎて、人によっては失礼に感じる一文になってしまいます。「恐れ入りますが」「恐縮ですが」といったクッション言葉を文頭に付け、文末も「教えていただけませんか」という言葉を使えば、とてもソフトな印象になります。

81

依頼・提案のクッション言葉

お手数ですが

| To: | 同僚 | 先輩 | 上司 | 取引先 | お客様 |

例 お手数ですが、コンペの応募要項を教えていただけますか。

例 大変お手数ですが、サンプルの作成をお願いいたします。

例 お手数をおかけしますが、
提案書の感想をお聞かせいただけないでしょうか。

「お手数ですが」は相手に手間をかけさせるときに使うクッション言葉です。文末も丁寧な言葉で締めるようにします。

ご面倒かとは思いますが

| To: | 同僚 | 先輩 | 上司 | 取引先 | お客様 |

例 ご面倒かとは思いますが、出席人数をご確認のうえ、
ご連絡いただきますようお願い申し上げます。

例 大変ご面倒かとは思いますが、
掲載許可書に署名・捺印をお願いいたします。

相手に面倒をかけることを詫びながら、こちらの依頼やお願いをするクッション言葉です。とくに相手に手間や時間がかかり、「面倒だ」と思われがちな内容によく使います。

勝手なお願いではございますが

| To: | 同僚 | 先輩 | 上司 | 取引先 | お客様 |

例 勝手なお願いではございますが、弊社の準備の都合上、
今月末までにお返事をいただけないでしょうか。

例 大変勝手なお願いではございますが、
レセプションにはぜひ井上様もお越し願えないでしょうか。

「勝手なお願い」というフレーズは、こちらの都合により相手に何かを頼むときに重宝します。申し訳なさを感じつつ、それでもあえて要望していることを相手に伝える効果があります。依頼が通ったときには丁重なお礼メールを送りましょう。

ご多忙のところ申し訳ございませんが

To: 同僚　**先輩**　**上司**　**取引先**　**お客様**

例 ご多忙のところ申し訳ございませんが、

3日(金)までにシステムの設定をお願いできないでしょうか。

例 ご多忙のところ大変申し訳ございませんが、

今月中にお返事をいただけませんでしょうか。

相手が忙しいことが推察できるとき、忙しさをねぎらい、相手のスケジュールに配慮しつつ、こちらの依頼や要望を伝えるフレーズです。社内や親しい人に対しても、「お忙しいところ申し訳ありませんが」など文面を少しフランクにして使うこともあります。

差し支えなければ

To: **同僚**　**先輩**　**上司**　**取引先**　**お客様**

例 差し支えなければ、

昨日のミーティングの様子を教えてもらえますか。

例 差し支えなければ、ご欠席の理由を教えていただけませんか。

知りたいことを一歩踏み込んで質問するときに便利なフレーズです。相手側に言いづらいことがあるときや、物事が曖昧になっているときに、事実確認をし、問題点をクリアにしていく助けになります。

可能であれば

To: **同僚**　**先輩**　**上司**　**取引先**　**お客様**

例 可能であれば、追加実験の設定をご検討ください。

「できればしてほしい」ことを頼むときに使います。「可能であれば」と文頭に付けることで相手の都合を考える配慮を感じさせ、万一「不可能」となっても相手に負担を感じさせずにすみます。

依頼・提案のクッション言葉

よろしければ

| To: | 同僚 | 先輩 | 上司 | 取引先 | お客様 |

例 よろしければ、明日の飲み会に近藤さんも参加しませんか。

例 よろしければ、来週の会議に

弊社の藤田も同席させていただければと存じます。

「よろしければ」は、相手の意思を尊重し、相手に判断を委ねる姿勢を示します。親しい人にも目上の人にも使える便利なフレーズです。

ご足労をおかけしますが

| To: | 同僚 | 先輩 | 上司 | 取引先 | お客様 |

例 田中様にはご足労をおかけしますが、

ご容赦いただきますようお願い申し上げます。

「ご足労」は文字どおり、相手に足を運んでもらうことを指しています。時間と労力とコストをかけて移動してくれることに配慮する気持ちを伝えます。

POINT

「ご足労をおかけします」というフレーズは、「来てください」という依頼ではなく、来ることが決まった後、その労力に配慮して使います。

事情をお汲み取りいただき、何卒〜

| To: | 同僚 | 先輩 | 上司 | 取引先 | お客様 |

例 サービス終了に関しましては、

ここまでご説明したような経緯でございます。

田中様には事情をお汲み取りいただき、

何卒ご理解賜りますようお願い申し上げます。

こちら側に何かの原因があって相手側に迷惑をかけたとき、事情を説明したうえで理解を求めるフレーズです。相手側に負担をかけるケースが多いので、最大限へりくだり、理解を求めましょう。

第2章 文例集

書き出し
結び
お礼 感謝
依頼 提案
相談 質問
了承 回答
断り
案内 報告
催促
謝罪
決意 反省
抗議
称賛
お祝い お見舞い
申請

申し上げにくいことですが

To: 同僚 **先輩** 上司 取引先 お客様

例 申し上げにくいことですが、
担当スタッフの人員削減をご検討いただけませんか。

相手が面倒や不利益を被るときや、相手に非がないとき、それを理解したうえでどうしてもお願いが必要なときに使うフレーズです。心苦しさを表現して相手にも納得してもらえるよう訴えかけます。

厚かましいお願いではございますが

To: 同僚 **先輩** 上司 取引先 お客様

例 大変厚かましいお願いではございますが、
資料を2部ずつご用意いただけないでしょうか。

例 厚かましいお願いとは存じますが、
田中様からご説明のほどよろしくお願いいたします。

「厚かましい」は「図々しい」「遠慮を知らない」という意味の言葉です。「本来なら遠慮すべきところをあえてお願いさせていただきます」と、お願いが簡単ではないことを理解していることを伝えます。

折り入ってお願いがあるのですが

To: 同僚 **先輩** 上司 取引先 お客様

例 折り入ってお願いがあるのですが、
昨年までのイベントブース配置図をお借りできないでしょうか。

例 折り入ってお願いがございます。
今週中、どこかでお時間をいただけませんか。

改まった特別な依頼をするときに使います。相手にも心構えを期待する依頼内容であることを意味するため、日常的なお願いや繰り返し行われる依頼には適していません。また、本来の依頼はメールで行わず、依頼をするための場を設けてもらうときにも使います。

相談・質問のメール

企画書の作成方法について質問する

To: 同僚 **先輩** **上司** 取引先 お客様

吉田課長

お疲れ様です。伊藤です。

このたびは、新店舗立ち上げのプロジェクトメンバーに
選んでくださり、ありがとうございます。
ご期待に沿えるよう全力を尽くしてまいりますが、
至らない点も多々あるかと思います。
ご指導ご鞭撻のほどお願い申し上げます。

早速ではございますが、
来週の会議に備えて企画書を制作したいのですが
初めてのことで勝手がわからず戸惑っております。
企画書制作の進め方を教えていただけませんでしょうか。

ご多忙中大変恐縮ですが、
どうぞよろしくお願いいたします。

————————————————————————

株式会社虹色商事 営業部 営業2課　　伊藤 晶（ITO Sho）
〒 ***-****　東京都千代田区 ****************
TEL：03-****-****　/　FAX：03-****-****
Mail：s-ito@*******.com
WEB：https://www.******.com

————————————————————————

新入社員のうちは質問や相談をすることが特に多いかもしれません。
忙しい相手の時間や労力を割いて対応してもらうので、丁寧に伝え、
対応してもらったら忘れずに感謝を伝えましょう。

書き出し

結び

お礼 感謝

依頼 提案

相談 質問

了承 回答

断り

案内 報告

催促

謝罪

決意 反省

抗議

称賛

お祝い お見舞い

申請

POINT

相手への日頃の感謝や誠意ある思いが伝わると、距離のある相手でも質問や相談に応じやすくなってくれます。

POINT

何をしてほしいのか、何を知りたいのか明確にします。ただし、詳細に書こうとして読みにくくなるようであればメール以外の方法で伝えたほうがよいでしょう。

言い換え

○ お教えいただきたく存じます。
○ ご教示いただけないでしょうか。

POINT

手を煩わせるお願いであれば、結びでも相手への配慮を忘れずに。

COLUMN 選択肢があると回答しやすい

いくつか選択肢を提示して質問や相談をすると、こちらの意図が伝わりやすく、回答しやすくなります。反対に、選択肢を提示しなければ、回答の幅が広がります。

教えてもらう

教えていただけますか。

| To: | 同僚 | 先輩 | 上司 | 取引先 | お客様 |

例 企画書の作り方を教えていただけますか。

例 先輩ならではの営業の極意を教えていただけませんか。

仕事は学びの連続ですので、教えを請うことがよくあります。とくに新入社員は、社内の人から教えてもらう機会が多いものです。普段は親しくしていても、メールでは丁寧にお願いするのがマナー。同僚や後輩であっても、話し言葉のまま書くと、ぞんざいな印象を与えるので注意しましょう。「〜ませんか」と間接的に伝えることで響きがソフトになります。

お教え願います。

| To: | 同僚 | 先輩 | 上司 | 取引先 | お客様 |

例 貴社のご意向について、お教え願います。

例 弊社製品の問題点について、お教え願います。

人に何かを教えるのは、時間も労力もかかるものです。とくに社外の人に質問する場合、先方は教える義務がありませんから、相手の親切心や信頼感に頼る部分も多く、ハードルが高くなります。社外の人に対しては、より丁寧に教えを請う姿勢を示しましょう。

お教えいただきたく存じます。

| To: | 同僚 | 先輩 | 上司 | 取引先 | お客様 |

例 先日の展示会の感想について、お教えいただきたく存じます。

例 貴社のアピールポイントをぜひお教えいただきたく存じます。

「教えていただきたいと思っています」という意味で丁重に教えを請う表現です。

お聞かせください。

To: 同僚 **先輩** **上司** **取引先** **お客様**

例 その前に、先日の打ち合わせの様子をお聞かせください。

例 当社製品の使用感をお聞かせください。

例 令和物産の海外展開の現状について
お聞かせいただけますか。

例 お手数をおかけして申し訳ありませんが、
弊社製品の使い勝手についてお聞かせいただけますか。

「教える」という言葉には、知識や技術などを教育するという意味があり、「聞かせる」という言葉には、事情や情報などを伝えるというニュアンスがあります。

POINT

「お聞かせください」が命令的で不躾だという印象を持つ方もいるため、注意が必要です。「お聞かせいただけますか」と疑問形で伺いを立てるとやや丁寧になります。

お聞かせいただきたく存じます。

To: 同僚 先輩 上司 **取引先** **お客様**

例 先日の当社プレゼンテーションのご感想を、
お聞かせいただきたく存じます。

例 お忙しいところと承知しておりますが、
何卒ご返答をお聞かせいただきたく存じます。

「お教えいただきたく存じます」と同様に、「お聞かせいただく」「存じる」という謙譲語を使った丁寧な表現です。目上の人や社外の人に質問をしたい場合は、この謙譲表現を使って丁寧に表現するのが好ましいです。

POINT

相談や依頼をする場合、相手やシチュエーションによって適切なフレーズを選ぶ必要があります。バリエーションを蓄えましょう。

教えてもらう

お聞かせ願えませんか。

| To: | 同僚 | 先輩 | 上司 | 取引先 | お客様 |

例 私は令和物産との経緯をよく知りませんので、
詳しいお話をお聞かせ願えませんか。

例 企画書の核となる部分はどこなのか、
ぜひ課長の意見をお聞かせ願えませんか。

例 工場から届いたサンプルの特徴を、
それぞれお聞かせ願えませんか。

「お聞かせいただけますか」よりも強く「知りたい」と思っていることを相手に伝える表現です。込み入った事情などを尋ねるときに、よく使われます。

伺います。

| To: | 同僚 | 先輩 | 上司 | 取引先 | お客様 |

例 来週のプレゼン参加者について伺います。

例 当社製品の使用シチュエーションについて、伺います。

例 次回会議では、仕様変更の詳細を伺います。

「伺う」とは「聞く」「尋ねる」の謙譲語です。「お聞きします」「お尋ねします」も間違いではありませんが、「伺います」のほうがより丁寧な印象を与えます。

POINT

「伺います」は、謙譲語の「伺う」と丁寧語の「ます」を使った敬語表現です。現在、慣用的に「お伺いします」「お伺いいたします」というフレーズを使うこともありますが、二重敬語 (P231参照) にあたるため厳密には正しい表現ではありません。さらに敬語を重ねた「お伺いさせていただきます」は誤った表現になるため、「伺います」を使うようにします。

書き出し

結び

お礼 感謝

依頼 提案

相談 質問

了承 回答

断り

案内 報告

催促

謝罪

決意 反省

抗議

称賛

お祝い お見舞い

申請

お聞きしたいことがございます。

To: 同僚 **先輩** **上司** **取引先** **お客様**

例 セミナー参加者の推移についてお聞きしたいことがございます。

> ビジネス上の小さな不明点や疑問点などがあるとき、問い合わせる表現です。複雑な内容や込み入った事情があるときには使いません。ひと言で答えられるような内容に向いています。

照会させていただきます。

To: 同僚 先輩 上司 **取引先** **お客様**

例 当社が契約している携帯電話プランについて、

照会させていただきます。

> 「照会」とは、「問い合わせて確認する」という意味で、ビジネスシーンで使われる言葉です。「お問い合わせ」よりもビジネスライクで、「調べて確認してほしい」というニュアンスがあります。

POINT

> 逆に先方より照会があったときは、「ご照会の件、社内で確認いたしますので、少々お待ちくださいませ」「ご照会いただいた内容を、社内で精査いたします」のように使います。

お尋ねいたします。

To: 同僚 **先輩** **上司** **取引先** **お客様**

例 弊社製品のご使用経験をお尋ねいたします。

例 大変恐縮ではございますが、提案書に不明点があるため、

お尋ね申し上げます。

> 「尋ねる」という動詞に「いたす」「申し上げる」を付けると、より丁寧になります。「尋ねる」という言葉は意味が幅広いため、「問い合わせ」「照会」という言葉がそぐわない内容を質問するときに便利です。

教えてもらう

ご教示いただけないでしょうか。

| To: | 同僚 | 先輩 | 上司 | 取引先 | お客様 |

例 最新ソフトウェアの仕様についてご教示いただけないでしょうか。

「教示」とは、「教え示す」という意味で、会社対会社や、目上の人に対して使う
フォーマルな表現です。相手が持つ知識や経験などをある程度時間をかけて教
えてもらうケースなどに適しています。

POINT

「ご教示」を「ご助言」とすると、上司などからアドバイスをほしいとき
に使えます。

お知恵を拝借できれば幸いです。

| To: | 同僚 | 先輩 | 上司 | 取引先 | お客様 |

例 次回会議の議題について、お知恵を拝借できれば幸いです。

例 来週、令和物産に企画書を提示するにあたり、
　　吉田課長のお知恵を拝借できれば幸いです。

自分ひとりで考えたり調べたりしても答えが出ないとき、目上の人や専門家に文
字どおり「知恵を借りたい」とお願いするフレーズです。答えが見つからず困って
いる状態を相手に伝えてから続けるといいでしょう。

ご指導ご鞭撻のほどお願い申し上げます。

| To: | 同僚 | 先輩 | 上司 | 取引先 | お客様 |

例 新しく貴社の担当となりました伊藤です。
　　初めて西日本エリアに参りましたので、
　　ご指導ご鞭撻のほどお願い申し上げます。

新任の挨拶など、改まったビジネスシーンで使われる表現です。P56の「ご指導
ご鞭撻」は「よろしくお願いします」という意味ですが、ここでは「指導」や「鞭撻
（鞭打って励ますこと）」をお願いする意味合いが強くなります。

答えてもらう

答えていただけませんか。

To: | 同僚 | 先輩 | 上司 | 取引先 | お客様

例 次回のミーティングで令和物産のポイントをお聞きしますので、
答えていただけませんか。

例 経理部より問い合わせが入りますので、
20日までにお答えください。

「答えてください」とストレートに書くと、相手に強制するように聞こえて不躾な
ニュアンスがあります。相手への敬意を示すために「答えていただけませんか」と
伺いを立てる表現にすると、印象を和らげることができます。よりはっきりとお願
いを伝えたいときには、「お答えください」が使えます。

POINT

ビジネスでは、相手が答えにくい、答えたくないと思うことを質問しなけ
ればならないこともあります。相手の負担が想像される質問にはクッショ
ン言葉を使う、敬意のこもった表現にするなど配慮します。また、なぜ
回答が必要なのかを伝えると、相手も理解を示しやすくなります。

ご回答願います。

To: | 同僚 | 先輩 | 上司 | 取引先 | お客様

例 今週末の慰労会に出席されるかどうか、ご回答願います。

例 総務部から下記の質問がありましたので、ご回答をお願いします。

例 メールでお送りした内容については、期日までにご回答ください。

事務的な質問への返答を促す表現です。「〜願います」という書き方は強い要求
と捉えられることがあるため、注意が必要です。

POINT

「回答」と同じ読みの「解答」は「問題に答える」という意味ですので、
混同しないようにしましょう。

第2章 文例集

書き出し

結び

お礼 感謝

依頼 提案

相談 質問

了承 回答

断り

案内 報告

催促

謝罪

決意 反省

抗議

称賛

お祝い お見舞い

申請

答えてもらう

ご回答いただきたく存じます。

| To: | 同僚 | 先輩 | 上司 | 取引先 | お客様 |

例 先日お送りした見積書についてご回答いただきたく存じます。

例 私は専門外のため、代わりにご回答いただきたく存じます。

社外の人や目上の人に返事を促すときは、「いただく」「存じる」という謙譲語を使うと丁寧です。

ご回答いただけますか。

| To: | 同僚 | 先輩 | 上司 | 取引先 | お客様 |

例 令和物産の田中様より何度もお問い合わせがありましたので、
ご回答いただけますか。

例 ご多用中であることは重々承知しておりますが、
事務上の期限もございますので、
明日までにご回答いただけますか。

ビジネスの質問に答えるにはそれなりに諸事情を考慮し、根回しなどをする必要があります。なかなか返事をしてくれない相手は困ったものですが、あくまでも丁寧に事情を説明し、回答を促しましょう。

ご回答のほど、よろしくお願いいたします。

| To: | 同僚 | 先輩 | 上司 | 取引先 | お客様 |

例 見積書の詳細について質問が届いておりますので、
ご回答のほど、よろしくお願いいたします。

例 課長宛てに出席依頼がありましたので、
ご回答のほど、よろしくお願いいたします。

「ご回答」は「ご返答」「お返事」などに言い換えることができます。

書き出し

結び

お礼 感謝

依頼 提案

相談 質問

了承 回答

断り

案内 報告

催促

謝罪

決意 反省

抗議

称賛

お祝い お見舞い

申請

ご回答賜りますようお願い申し上げます。

| To: | 同僚 | 先輩 | 上司 | **取引先** | **お客様** |

例 先日の弊社の提案につきまして、
ご回答賜りますようお願い申し上げます。

例 田中様には大変なご迷惑をおかけしておりますが、
何卒ご回答賜りますようお願い申し上げます。

「賜る」「申し上げる」という謙譲語でへりくだった非常に丁寧な一文です。はるかに目上の相手にメールを送るときや重要なビジネスシーンでの返事を促すとき、クレーム処理などやりとりに注意が必要なときなどに使います。

~について、ご提示（提案）いただけますか。

| To: | 同僚 | 先輩 | 上司 | **取引先** | **お客様** |

例 提案書のご検討結果について、ご提示いただけますか。

例 貴社がぜひ実現させたいアイデアについて、
ご提案いただけますか。

例 展示ブースの配置について勘案しております。
田中様からもいくつかご提案いただけますか。

例 出張申請に必要な情報のご提示をお願いします。

「答える」「回答する」はこちらの質問への端的な答えを求めていますが、「提示する」「提案する」に言い換えると相手から条件や主体的な意見、アイデアを引き出しやすくなります。

POINT

とるべき行動や具体的な対策を指定してほしいときには「ご指示いただけますか」とします。「指示」という言葉がかたく感じられる場合には、「お申し付けください」と言い換えることができます。

答えてもらう

忌憚のないご意見を伺えないでしょうか。

| To: | 同僚 | 先輩 | 上司 | 取引先 | お客様 |

例 今回提出した企画書について、
忌憚のないご意見を伺えないでしょうか。

例 当社の作業フローについて、
ご担当者の忌憚のないご意見を伺えないでしょうか。

例 先日の私の発言について、忌憚のないご意見をお聞かせください。

この表現の場合、「忌憚」とは「遠慮すること」を指し、遠慮なく意見を聞かせて
ほしいときや、相手の率直な意見を聞き出したいときに用います。

POINT

「忌憚のない意見」を求められると、人は率直な意見を述べようとする
ため、言われた側は傷ついたり、悩んでしまいがちです。しかし、そも
そも相手の本音を聞き出そうと自分からアクションを起こしたわけですか
ら、意見を素直に受け止め、相手へのお礼メールを欠かさないようにし
ましょう。

〜についてはどのようにお考えですか。

| To: | 同僚 | 先輩 | 上司 | 取引先 | お客様 |

例 先方は価格優先とおっしゃっていますが、
課長はこれについてはどのようにお考えですか。

例 田中様におかれましては、
弊社製品についてはどのようにお考えですか。

例 田中様はフェアトレードの現状についてどのようにお考えですか。
近々、勉強会を開こうと考えております。

相手の考えを掘り下げて聞きたいときのフレーズです。A か B か、といった選択
を迫るものではなく、自由に考えを聞かせてもらいたいときに使います。文章にし
づらい複雑な内容や長文の回答が予想される場合は、改めて電話や対面の場を
設定できるよう促すのがよいでしょう。

相談を持ちかける

～についてご相談がございます。

To: 同僚 **先輩** **上司** **取引先** **お客様**

例 令和物産へのアプローチ方法についてご相談がございます。

例 先日いただいた見積書の内容について、ご相談がございます。

相談したいときはいきなり用件を切り出すのではなく、まず「相談がある」ことを最初に明言してから、内容を説明しましょう。そうすることで相談を受ける側も趣旨を理解しやすくなります。

ご相談事項が〇点ございます。

To: 同僚 **先輩** **上司** **取引先** **お客様**

例 来週のプレゼンについて、ご相談事項が2点ございます。

1点目は企画書のデザインについて、

2点目は出席メンバーについてです。

例 先日いただいた見積書について、

ぜひともご相談したい事項が1点ございます。

3ページにあります什器の単価についてですが～

相談したい内容をダラダラと列挙するよりも、最初に「相談事項が〇点ある」と前置きしてから「1点目…2点目…」と箇条書きにすることで、相手に伝わりやすくなります。

ご相談のお時間をいただきたく

To: 同僚 **先輩** **上司** **取引先** **お客様**

例 外部研修について、ご相談のお時間をいただきたく、

メールいたします。

例 弊社プランについて田中様にご相談のお時間をいただきたく、

メールを差し上げました。

個別に時間をもらって相談をしたいときに使うフレーズです。こちらから相談を持ちかけるということは、相手に時間を割かせることになりますので、あくまでも腰を低くしてお願いするのが礼儀です。

認識を確認する

～でしょうか。

To:	同僚	先輩	上司	取引先	お客様

例 明日は駅前に集合でしょうか。

例 お見積りは一式でよろしいでしょうか。

相手とのやりとりで、おおよその答えの見当はついているものの念のため確認したいとき、「～でしょうか」という表現を使って遠回しに再確認します。

POINT

同じ質問を繰り返すことはビジネスではNGですので、過去のメールを読み返すなど、しっかり調べてから質問しましょう。

～ということですね。

To:	同僚	先輩	上司	取引先	お客様

例 有効期間は今月末まで、ということですね。

例 弊社はオブザーバーとして参加するということですね。

内容の再確認に使う表現です。相手のメールに曖昧な表現があったときや、もう少し理解を深めたいとき、再確認したいときに、元の表現を自分なりに変えて確認します。

～という理解でよろしいでしょうか。

To:	同僚	先輩	上司	取引先	お客様

例 「週明けまで」ということは

「来週月曜の朝9時まで」という理解でよろしいでしょうか。

例 今回の懇親会には、吉田課長にも

ご臨席いただけるという理解でよろしいでしょうか。

内容を再確認する際の丁寧な表現です。相手の書き方や言い方が曖昧だと指摘するのではなく、「自分はこのように理解していますが、間違いありませんか」と尋ねるかたちを取ります。

〜で間違いないでしょうか。

To: 同僚 先輩 上司 取引先 お客様

例 明日の会議の場所は横浜支社で間違いないでしょうか。

例 こちらでご用意する資料は設計図、仕様書、
見積書の3種類で間違いないでしょうか。

間違いが許されない重要事項の確認などに使います。いくら重要事項でも、何度も質問するのはマナー違反ですので、一度にまとめて聞きましょう。

〜で問題ないでしょうか。

To: 同僚 先輩 上司 取引先 お客様

例 最寄り駅からタクシーで向かいますが、問題ないでしょうか。

例 次回の商談ではスクリーンを使わせていただきたいのですが、
問題ないでしょうか。

自分の要望を伝え、相手の許可を求めるとき「問題ないでしょうか」と丁寧に確認します。要望を一方的に伝えるのではなく、伺いを立てる姿勢を見せることが、ビジネスでの好感度につながります。

ご不明点はございませんでしょうか。

To: 同僚 先輩 上司 取引先 お客様

例 昨日の打ち合わせでご説明したプランについて、
ご不明点はございませんでしょうか。

例 駆け足で説明させていただきましたが、
ご不明点はございませんでしょうか。

ひととおり説明を終えた後に、相手に不明点・疑問点を尋ねるフレーズです。この一文を最後に付け加えることで配慮を示し、相手が質問しやすくなります。

POINT

メールのやりとりが頻繁でない場合は、「〇〇まで遠慮なくお問い合わせください」という一文を添えると親切です。

諾否をお聞かせいただけませんか。

| To: | 同僚 | 先輩 | 上司 | 取引先 | お客様 |

例 先日お送りした提案書について、

諾否をお聞かせいただけませんか。

例 返信メールにて、

弊社説明会への参加の諾否をお聞かせいただけませんか。

「諾否」とは「承諾することと、断ること」という意味。質問や提案について、イエスなのかノーなのか、相手に尋ねるときに使う言葉です。

ご都合のよろしい日時を
いくつかご提示いただけますか。

| To: | 同僚 | 先輩 | 上司 | 取引先 | お客様 |

例 送別会の開催日を決定したく思いますので、

ご都合のよろしい日時をいくつかご提示いただけますか。

例 貴社に伺う日程につきまして、

ご都合のよろしい日時をいくつかご提示いただけますか。

参加者全員の都合のいい日程を擦り合わせるのは、複数人数で交わすメール上でよく行われることです。その際、複数の希望日程を挙げてもらい、多くの参加人数が見込める日程を絞り込んでいきます。

どなたにお尋ねするのがよろしいでしょうか。

| To: | 同僚 | 先輩 | 上司 | 取引先 | お客様 |

例 この分野の製品については、

どなたにお尋ねするのがよろしいでしょうか。

例 貴社の会社案内パンフレットをいただきたいのですが、

どなたにお尋ねするのがよろしいでしょうか。

自分が答えられない質問をされると相手も困惑し、返答に困るもの。メールの相手がこちらの質問に対する答えを持っていないとわかったら、「では、誰に尋ねればよいか」を聞き出し、仕事を進めましょう。

相談・質問のクッション言葉

伺いたいことがあるのですが

To: 同僚 先輩 上司 取引先 お客様

例 伺いたいことがあるのですが、
ミーティング後に15分ほどお時間をいただけますか。

例 伺いたいことがあるのですが、
弊社メンテナンスサービスについてどのようにお考えでしょうか。

いきなり相談や質問に入るよりも、クッション言葉をはさんで本題に入ったほうが
丁寧な印象を与えます。

ご迷惑でなければ

To: 同僚 先輩 上司 取引先 お客様

例 ご迷惑でなければ、
仕事に関する相談に乗っていただけないでしょうか。

例 ご迷惑でなければ、
知的財産権に詳しい方をご紹介いただけませんか。

相手にとって少し面倒なことを頼む際、先に「ご迷惑でなければ」と断りを入れる
と、こちらの配慮が伝わりやすくなります。万が一相手から断られても、再度お
願いせずに、「ご面倒なお願いをして申し訳ございませんでした」と素直に詫びる
のがマナーです。

お時間をいただき恐縮ですが

To: 同僚 先輩 上司 取引先 お客様

例 田中様にはお時間をいただき恐縮ですが、
商談後に弊社工場をご案内します。

ビジネスの現場では誰もが忙しく働いているものです。そこに依頼や要望をする
わけですから、相手の時間をいただくことへの感謝の気持ちを示しましょう。クッ
ション言葉がないと、むしろ唐突に見えることも少なくありません。

了承・回答のメール

修理の依頼に回答する

| To: | 同僚 | 先輩 | 上司 | 取引先 | お客様 |

株式会社令和物産
田中一郎様

いつも大変お世話になっております。
虹色商事の伊藤晶です。

通信端末の修理のご依頼をありがとうございます。

担当が確認したところ、部品交換が必要な故障が判明しました。
添付しました見積書の内容でご了承いただけましたら
修理を承ります。

また、故障した端末は古く、交換部品も在庫限りとなります。
セキュリティが強固になった新製品のカタログも
併せて添付させていただきますので、
この機会に新製品への買い替えもご検討いただければ幸いです。

どうぞよろしくお願いいたします。

————————————————————————
株式会社虹色商事 営業部 営業2課　　伊藤 晶（ITO Sho）
〒 ***-****　東京都千代田区 ****************
TEL：03-****-****　/　FAX：03-****-****
Mail：s-ito@*******.com
————————————————————————

回答や了承を伝えるメールでは、相手の求める情報を漏れや間違いなく書くことが大切です。また、同じ「OK」でもシチュエーションによってフレーズの使い分けが必要です。

書き出し

結び

お礼 感謝

依頼 提案

相談 質問

了承 回答

断り

案内 報告

催促

謝罪

決意 反省

抗議

称賛

お祝い お見舞い

申請

POINT

返信であっても、まずメールの目的がわかるように端的にまとめ、メールをくれたことへのお礼を伝えます。

POINT

問い合わせの内容に回答します。また、対応が必要な場合は対応の内容も併せて伝えます。

言い換え

・修理をお引き受けいたします。
・喜んで修理させていただきます。

POINT

新しい情報を追加することで選択肢が広がるなど、相手に役立つ場合には伝えたほうが親切です。

COLUMN プラスアルファで関係性をアップする

質問や依頼に答えて終わりにするのではなく、相手にもメリットとなる情報や提案を適切に提供し、ビジネスを発展させることを心がけましょう。

OKを伝える

承知しました。

To:	同僚	先輩	上司	取引先	お客様

例 明日は会議室に集合ですね。承知しました。

例 田中様のご要望について、承知しました。

例 納入ロット変更の件、確かに承知いたしました。

「承知する」は「内容を理解し、聞き入れる」ことを意味します。「承知しました」はビジネスメールでとてもよく使う表現です。「確かに〜」と付けて強調することもあります。

かしこまりました。

To:	同僚	先輩	上司	取引先	お客様

例 明日の商談で冒頭に貴社部長がご挨拶される旨、
かしこまりました。

例 納入日は月末をご希望ですね。かしこまりました。

「かしこまる」は、「目上の人を前にして畏れ敬う」「謹んで承知する」という意味の言葉で、「かしこまりました」は「内容を承知し、指示に従う」という意味になります。社外の人やお客様などへのメールにも使います。

POINT

ビジネスシーンの会話では、相手の言葉を理解したという意味で「わかりました」という表現をよく使いますが、フレンドリーな表現のため、メール文では気心が知れた相手に限っておくほうが無難です。同様に、注意が必要なのが「了解しました」というフレーズです。「了解」という言葉には、「物事の内容を理解して、承認する」という意味があります。そのため、「相手が示す内容を自分が承認した」ことになり、目上の人や社外の人には失礼に映ることがあります。「了解しました」は社内の身近な相手だけに留め、目上の人や社外には「承知しました」「かしこまりました」と書くようにしましょう。

書き出し

結び

お礼 感謝

依頼 提案

相談 質問

了承 回答

断り

案内 報告

催促

謝罪

決意 反省

抗議

称賛

お祝い お見舞い

申請

承りました。

To: 同僚 **先輩** **上司** **取引先** **お客様**

例 ご要望の件、承りました。

追って弊社担当者よりご連絡します。

例 吉田へのご伝言を確かに承りました。

例 弊社製品への厳しいご指摘、謹んで承ります。

「承る」は目上の人からの要望や命令や伝言を「謹んで受ける」という意味の謙譲語で、「相手のメールに書かれていたことや相手の発言を理解した」という意味になります。

承諾（了承・承認）いたします。

To: 同僚 先輩 **上司** **取引先** **お客様**

例 新サービスへの取材依頼について、承諾いたします。

例 製品サンプルの貸与申請を了承します。

例 夏休み中の施設利用を承認いたします。

「承諾」「了承」は「相手から自分への要望を受け入れる」という意味で、自分の許可が必要なシチュエーションで使うことができます。また、「承認」は特に組織として許可を与えるときに使います。

了解いたしました。

To: **同僚** **先輩** 上司 取引先 お客様

例 明日の待ち合わせに備えて私の携帯電話番号が

お知りになりたいとのこと、了解いたしました。

「了解」は「相手が書いていることを理解し、自分が承認する」という意味があり、目上の人や社外の人に使うのははばかられます。目上の人や社外の人には「承知いたしました」がスタンダードです。

依頼・提案を受け入れる

〜で結構です。

| To: | 同僚 | 先輩 | 上司 | 取引先 | お客様 |

例 明日の集合時間は朝8時で結構です。

例 来週の令和物産への訪問は私ひとりで結構です。

「〜で結構です」は、「大丈夫です」「OKです」などの意味で使います。相手から打診があり、「OKか？　NGか？」と質問されたときに、前ページの例のように答えます。「〜でかまいません」も似た意味合いになりますが、「許可します」というニュアンスで上から目線に感じられるため、目上の人には使いません。

POINT

「お茶をいかがですか？」「結構です」のように、「結構」という言葉は断りの意味で使われる場合もあります。前後の文脈から判断し、使い方や解釈を間違えないように気をつけましょう。

〜で問題ありません。

| To: | 同僚 | 先輩 | 上司 | 取引先 | お客様 |

例 お持ちいただく資料は5部で問題ありません。

例 私がひとりでお客様先に伺い、

説明するということで問題ありません。

例 本クレームに関しまして、

お客様とのやりとりは弊社の担当で問題ございません。

「〜で問題ありません」という表現は、相手の提案に対して「承知しました」「納得しました」という意味で使います。逆に言えば、「問題がある」ケースもあり得ると遠回しに匂わせていることになりますので、あまり頻繁に使用すると、相手が「自分の提案には、そんなに検討事項が多いのか」と曲解する可能性もあります。1メール1回程度に留めましょう。

POINT

「問題ありません」と同じ意味で使える「大丈夫です」は、意図がしっかり伝わらないことがあるため注意が必要です。

書き出し

結び

感謝 お礼

提案 依頼

質問 相談

回答 了承

断り

報告 案内

催促

謝罪

反省 決意

抗議

称賛

お見舞い お祝い

申請

異存はございません。

To: 同僚 先輩 上司 **取引先 お客様**

例 当日の飲食費は弊社負担ということで異存はございません。

例 お客様の言い分に異存はございません。

「異存」とは相手とちがった意見や、相手と反対の意見のこと。ですから、「異存はございません」は「反対意見はありません」「あなたに賛成です」という意味になります。ビジネスではよく使うフレーズですので、覚えておきましょう。

POINT

「異存」と混同しやすい言葉に「異論」があります。「異論」は単に「別の意見」「異なる意見」を意味し、「会議に異論をはさむ」などに使われます。

支障はございません。

To: 同僚 先輩 上司 **取引先 お客様**

例 商談の前に弊社工場をご案内することは
まったく支障はございません。

例 お送りいただいた計画書の内容で支障はございません。

「支障」とは差し支えがあること、物事に何らかの妨げがあることを指します。そのため、何も問題がないことを「支障はございません」と言います。相手から少し面倒なことを頼まれたときや、提案を受けたときなどに使うといいでしょう。

納得いたしました。

To: 同僚 **先輩 上司 取引先 お客様**

例 先輩から丁寧に教えていただいたので納得いたしました。

例 手数料に関するご説明に納得いたしました。

相手の説明がなかなか理解できないときや内容に疑問点や不明点があるとき、ビジネスではそのままにしておくわけにはいきません。必ずわからないことを解消し、自分なりに納得したうえで仕事を進める必要があります。

依頼を引き受ける

お受けいたします。

To:	同僚	先輩	上司	取引先	お客様

例 先日お話をいただきましたイレギュラー案件につきまして、
謹んでお受けいたします。

例 次回ゴルフコンペの幹事をお受けします。

何らかの役割や仕事の打診を受け、「引き受ける」と決めて連絡するときに使う
フレーズです。お客様からの依頼の場合は、仕事をいただく感謝の気持ちを
込めて、へりくだった表現を心がけましょう。

お引き受けいたします。

To:	同僚	先輩	上司	取引先	お客様

例 弊社製品の微調整のご依頼について、
喜んでお引き受けいたします。

例 次回ミーティングでの司会役を謹んでお引き受けします。

「引き受ける」という言葉には、「責任のある仕事や役割を頼まれて務める」とい
う意味があります。目上の人やお客様からの依頼を引き受けるときは、「謹んで」
とひと言添えると謙虚な姿勢と感じてもらえます。また、いやいや引き受けるの
ではなく、前向きに引き受ける姿勢を見せたいときは「喜んで」と付けます。

喜んで～させていただきます。

To:	同僚	先輩	上司	取引先	お客様

例 先輩の資料作り、喜んでお手伝いさせていただきます。

例 貴社のお役に立てるようでしたら、
喜んで参加させていただきます。

何かの依頼を引き受けるとき、「積極的に引き受ける」「自分と相手のために、
喜んで引き受ける」というニュアンスを与える表現です。新入社員は雑用も含
めて、いろいろな指示や依頼を受けて動きますが、一見つまらない仕事でも、
「喜んで～」と付けることですべての仕事を前向きに捉えている姿勢を見せる
ことができます。

お役に立てれば幸いです。

To: 同僚 先輩 上司 取引先 お客様

例 微力ながら、先輩のお役に立てれば幸いです。

例 まだまだプログラミングを勉強中の身ですが、
お役に立てれば幸いです。

例 まだ業界の経験が浅く不慣れではありますが、
貴社のお役に立てれば幸いでございます。

新入社員ができることは限られており、周囲の人たちもそのことをよくわかっています。何かを引き受けたときも、「お役に立ってみせます」と前のめりになるより、「お役に立てれば幸いです」と謙虚に意思表示するほうが好感を持たれます。

受諾いたします。

To: 同僚 先輩 上司 取引先 お客様

例 貴社からのご指摘を受け、
契約書の文言修正を受諾いたします。

例 来季からの単価変更について、
社内で検討した結果、受諾することといたしました。

「受諾」は「承諾」とよく似た意味ですが、「承諾」は相手との交渉の結果、すり合わせた条件を受け入れるもの。一方、「受諾」は相手が決めたルールや内容をそのまま受け入れるニュアンスがあります。

POINT

「やります」「やらせてください」という表現は会話では頻繁に交わされますが、文字にすると「やる」という言葉が俗語的で、あまり品がよくありません。自分から進んで何かを引き受けるときは、「お受けします」「お引き受けします」と書くようにしましょう。

決定を伝える

～でお願いいたします。

To:	同僚	先輩	上司	取引先	お客様

例 現場での仕切りは貴社のご担当でお願いいたします。

例 名刺3名分、各100枚でお願いします。

何らかの物事が決定後、その情報を関わる相手に連絡し、用意してもらわなければならないとき、「～でお願いします」というフレーズを使います。

～が（に）決定いたしました。

To:	同僚	先輩	上司	取引先	お客様

例 展示会のスペース割りが決定いたしました。

例 今年度の納入スケジュールが決定いたしました。

例 先日からご質問をいただいていた研修日程の件、
9月10日からの3日間に決定いたしました。

以前からの懸案事項であったり、相手が気にかけている内容に関して、「最終的に〇〇に決定しました」と伝えるフレーズです。とくに自分に決定権があるわけではなく、入手した情報を伝えるだけのときによく使われます。添付資料がある場合は、「詳しくは添付の〇〇をご確認ください」と続けます。

～となりました。

To:	同僚	先輩	上司	取引先	お客様

例 人事部から連絡があり、
4月20日に店舗見学に行くこととなりました。

例 弊社人事異動のため、
下期から私が貴社を担当させていただくこととなりました。

これも決定事項を相手に伝えるためのフレーズですが、「決定いたしました」よりもソフトな印象を与えます。

質問・問い合わせに答える

～について、お答え（ご説明・ご回答）いたします。

例 弊社製品の使用環境について、お答えいたします。

例 私の夏季休暇の日程について、回答します。

質問や問い合わせに端的に答える文章で、この後に回答や説明を続けます。この一文があることで、読み手は「ここから答えが始まる」とわかり、焦点を絞りやすくなります。

～については以下のとおりです。

例 先日の商談の要点については以下のとおりです。

例 お問い合わせいただきました弊社製品の設定方法については以下のとおりです。

質問や問い合わせに答える際、手順などを順々に説明する必要があるときは、「以下のとおりです」と最初に書いて、その後に内容を続けるとわかりやすくなります。あとに続く文章がある程度長さがあったり、さまざまな要素を並列で述べるときは、箇条書きにするとよいでしょう。

～となっております。

例 ご質問いただいた引用元の件、
今月から引用可能となっております。

例 お問い合わせいただいた弊社ショールームの営業時間ですが、現在、9～17時までの短縮営業となっております。

回答内容の事柄や状況が変化や変更を経たものであるときに使います。「～なります」をより丁寧にしたかたちで、やわらかい印象を与えます。

断りのメール

見積りに断りを入れる

To: 同僚 先輩 上司 **取引先** お客様

株式会社令和物産
田中一郎様

いつも大変お世話になっております。
虹色商事の伊藤晶です。

このたびは、新素材カーテンのお見積りをいただきまして
ありがとうございます。

社内で検討を重ねました結果、まことに残念ではございますが
費用と購買ロットの面で折り合いがつかず
今回は見送らせていただくこととなりました。

せっかくのご提案にお答えすることができず心苦しいのですが、
何卒ご了承いただければ幸いです。

またの機会にぜひよろしくお願い申し上げます。

――――――――――――――――――――――――――――
株式会社虹色商事 営業部 営業2課　　伊藤 晶（ITO Sho）
〒 ***-****　東京都千代田区 ****************
TEL：03-****-****　/　FAX：03-****-****
Mail：s-ito@*******.com
WEB：https://www.******.com
――――――――――――――――――――――――――――

提案や依頼などを断る際には、明確に断りの意志を伝える必要が
あります。それと同時に、謙虚さや相手への気遣いを忘れず、今
後につながる関係性を構築していきましょう。

書き出し

結び

お礼
感謝

依頼
提案

相談
質問

了承
回答

断り

案内
報告

催促

謝罪

決意
反省

抗議

称賛

お祝い
お見舞い

申請

POINT

まずは連絡や提案をくれたことへ感謝の気持ちを伝えます。

POINT

断る理由を明確に伝えたほうが、相手も納得しやすく、また
問題点などがあれば次の機会で改善しやすくなるので、有
益な情報になります。

言い換え

○ 見合わせることとなりました。
○ お願い（依頼）するのは厳しいとの結論に達しました。

POINT

ストレートに断るだけでは相手への配慮が足りないので、申
し訳ない気持ちを表現します。

COLUMN クッション言葉も活用する

断りのメールで拒絶や否定の意志が前面に
出てしまわないために、クッション言葉を使
います。嘘っぽくならないよう、場面に見
合った使い方を心がけましょう。

➡P122 〜 125参照

依頼・提案を断る

お断りいたします。

| To: | 同僚 | 先輩 | 上司 | 取引先 | お客様 |

例 過去お支払いに応じていただけなかった経緯があるため、
今回のご依頼はお断りいたします。

例 その件につきまして、弊社としてはコンプライアンス違反を
危惧しておりますので、お断りいたします。

「お断りいたします」という表現はきつい印象を与えるので、その後の関係の発
展が望めなくなる可能性があります。「正当な理由により、断固として断る」ケー
スに限って使うといいでしょう。

遠慮させていただきます。

| To: | 同僚 | 先輩 | 上司 | 取引先 | お客様 |

例 セミナーへのお誘いを大変ありがたく拝見しましたが、
その日は以前から予定していた出張がありますため、
遠慮させていただきます。

例 このご時世ですので、会食へのお誘いは
遠慮させていただいております。

「遠慮」という言葉には、「辞退する」という意味以外に、「人に対して言葉や言
動を慎む」という意味があります。そのため、自分がへりくだっているイメージ
を与える効果があり、やんわりと断りたいときに便利です。

辞退させていただきます。

| To: | 同僚 | 先輩 | 上司 | 取引先 | お客様 |

例 諸事情により、今回のコンペティションへの参加は
辞退させていただきます。

「辞退」も「遠慮」と同様、「自ら身を引く」ことを丁寧に伝える表現です。いろ
いろな断りのシーンで使えます。

書き出し

結び

お礼 感謝

依頼 提案

相談 質問

了承 回答

断り

案内 報告

催促

謝罪

決意 反省

抗議

称賛

お祝い お見舞い

申請

お引き受けいたしかねます。

| To: | 同僚 | 先輩 | 上司 | 取引先 | お客様 |

例 大変恐縮ではございますが、

他社製品の修理はお引き受けいたしかねます。

例 広告出稿の件、社内にて検討を重ねてきましたが、

お引き受けいたしかねます。

断りの文言は「引き受けられません」などの否定文で書くと、取り付く島もない
ようなきつい印象になります。その点、「～いたしかねる」という婉曲表現は、
断りをソフトな文言に換える効果があります。

お受けいたしかねる状況です。

| To: | 同僚 | 先輩 | 上司 | 取引先 | お客様 |

例 現在、皆さまからのご注文に弊社の生産が間に合っておらず、

お受けいたしかねる状況です。

例 大変申し訳ございませんが、ご要望のエリアは

当社管轄外であり、お受けいたしかねる状況でございます。

お客様から打診を受けたものの、何らかの理由があって断りを入れざるを得な
い状況のときに使います。「なぜ受けられないのか」という理由を添えて書くと、
相手の納得を得られやすくなります。

お気持ちだけ頂戴します。

| To: | 同僚 | 先輩 | 上司 | 取引先 | お客様 |

例 令和物産様にはいつも弊社をお引き立ていただき、

心より感謝しております。

今回は残念ではありますが、お気持ちだけ頂戴します。

結果として断りを入れるものの、相手の厚情や日頃の付き合いに感謝を伝える
言葉です。「お気持ちだけ頂戴します」のフレーズだけを書くのではなく、お礼
や感謝やお詫びの言葉を織り交ぜて使いましょう。

115

依頼・提案を断る

承るのは厳しいとの結論に達しました。

To:	同僚	先輩	上司	取引先	お客様

例 コンペティションへの参加ですが、同時期に他社の案件を

受注しておりますため、承るのは厳しいとの結論に達しました。

「社内でさまざまな検討を重ねた結果、断ることにした」というニュアンスを伝える一文です。相手を刺激しない理由を添えると、理解を得やすくなります。

見送らせていただきます。

To:	同僚	先輩	上司	取引先	お客様

例 社内旅行ですが、祖母の体調が思わしくないため

参加を見送らせていただきます。

例 展示会への出展を検討いたしましたが、

弊社システムに適合させることが難しいと判明したため、

今回は見送らせていただきます。

参加や参入を促されたり、人や製品の採用を検討した結果、断りを決めたときに使うフレーズです。

見合わせることとなりました。

To:	同僚	先輩	上司	取引先	お客様

例 来週から旅行に行く予定でしたが、

見合わせることとなりました。

例 昭和第一工務店について社内にて調査したところ、

財務内容に不安があるとの結論に達し、

今回は参入を見合わせることに相なりました。

何かを予定していたり、検討していたものの、事情により取りやめるときに使います。「見合わせる」という言葉には「先送りする」という意味合いもあり、「今回は断るが、次回以降は引き受ける可能性がある」というニュアンスを含んでいます。

無理を伝える

ご要望には沿いかねます。

To: 同僚 先輩 上司 **取引先 お客様**

例 見積書をいただきましたが、
予算の都合上ご要望には沿いかねます。

相手からの要求や要望に断りを入れるときのフレーズです。「ご要望には沿えません」と否定形で書くと、やや失礼な印象を与えるため、「沿いかねます」というフレーズを使います。「対応しかねます」「賛同しかねます」などに言い換えることもできます。

お応えすることができません。

To: 同僚 先輩 上司 **取引先 お客様**

例 せっかくのご要望ですが、お応えすることができません。

要望、申込、打診など、相手からアクションがあったものの対応ができないとき、やんわりと断るフレーズです。「相手の要望に応えたいものの、事情があって応えられない」というニュアンスを含ませています。

～が難しい状況です。

To: **同僚 先輩 上司 取引先 お客様**

例 設備不良により、工場の再開が難しい状況です。

「したくてもできない」状況だと訴える表現です。このように伝えると相手から質問や確認などが入る可能性が高いですが、誠意を持って回答し、できないのであれば代替案などを提案する必要があります。

対応いたしかねます。

To: 同僚 **先輩 上司 取引先 お客様**

例 ご提示いただいた金額では、保守・点検までは
対応可能ですが、修繕までは対応いたしかねます。

「対応できません」の婉曲表現「対応しかねます」に、さらに謙譲語の「いたす」を付けて「対応いたしかねます」と丁寧にしたものです。

サイドタブ: 書き出し / 結び / お礼 感謝 / 依頼 提案 / 相談 質問 / 了承 回答 / 断り / 案内 報告 / 催促 / 謝罪 / 決意 反省 / 抗議 / 称賛 / お祝い お見舞い / 申請

不要を伝える

～しなくて結構です。

To:	同僚	先輩	上司	取引先	お客様

例 こちらでコピーして持参しますので、
吉田さんはご用意しなくて結構です。

例 集計作業は来月になりますので、
お急ぎいただかなくても結構です。

相手がしなくてもいいことをしようとしているとき、制止するのに使います。「結構です」という言葉が冷たく感じられる場面では、「～していただかなくても大丈夫です」などと言い換えてもよいでしょう。

今のところ必要ありません。

To:	同僚	先輩	上司	取引先	お客様

例 サポートスタッフは今のところ必要ありません。
必要になったら、ただちにご連絡します。

ビジネスシーンではタイムリーかつ効率よく業務をこなす必要があるため、「必要なときに、必要な箇所に、必要な資源を注ぎ込む」ことが重要です。明らかにムダなことや不要なことは、相手にとってもムダな時間や労力となるため、事前に丁寧に断りを入れましょう。状況が変われば必要になるケースもあるので、フォローも忘れずに。

～には及びません。

To:	同僚	先輩	上司	取引先	お客様

例 ご丁寧な連絡をありがとうございます。
既に問題点は解消されましたので、ご足労には及びません。

例 お渡ししたカタログですが、
在庫も多数あるためご返却には及びません。

相手の手間になる行動を「する必要がない」と伝えます。「結構です」「必要ありません」とすると冷たく聞こえることがありますが、それに対し、やや相手に寄り添った印象を与えるフレーズです。

118

不参加を伝える

欠席いたします。

To: 同僚 先輩 上司 取引先 お客様

例 明日の勉強会は出張のため、欠席いたします。

仕事に関連する集まりに欠席するときは、事前に丁寧にその旨を伝えます。ドタキャンや無断欠席は社会人として失格です。

欠席とさせていただきます。

To: 同僚 先輩 上司 取引先 お客様

例 弊社スタッフの派遣が不可能となりましたので、

やむなく欠席とさせていただきます。

社外のアポイントメントやイベントなどを欠席する際は、「〜させていただく」という謙譲語を使います。今後の付き合いを考え、「やむなく」「残念ながら」など、仕方がない決断であることを匂わせます。

参加を辞退させていただきます。

To: 同僚 先輩 上司 取引先 お客様

例 新製品発表会ですが、緊急のクレーム対応が入ったため

参加を辞退させていただきます。

相手より案内があって一度は参加を決めたものの、諸般の事情で欠席するときに使うフレーズです。「なぜ辞退するのか」理由を伝えるのがマナーです。

参加できそうにありません。

To: 同僚 先輩 上司 取引先 お客様

例 来週の社内バーベキュー大会ですが、

家庭の事情で参加できそうにありません。

参加の可否を伝える際、断られる相手の心情に配慮し、「参加できそうにありません」と婉曲に伝えます。「自分は参加したいのだが、どうしても参加できそうにない」というニュアンスも含まれています。

119

ご容赦賜りたく存じます。

To:	同僚	先輩	上司	取引先	お客様

例 お支払金額が貴社のご希望に沿えなかったこと、
　　ご容赦賜りたく存じます。

例 私の経験不足から貴社のお役に立てなかったことを
　　ご容赦賜りたく存じます。

さまざまなやり取りがあったものの最終的に相手の要望に応えられなかったとき、「ご容赦賜りたく存じます」と締めくくることで、「この件に関する交渉は終わりです。どうぞご了承ください」と暗に相手に伝えることができます。

事情をお察しいただき、
ご了承（理解）いただければ幸いです。

To:	同僚	先輩	上司	取引先	お客様

例 ご提示した金額は精一杯のものですので、
　　事情をお察しいただき、ご了承いただければ幸いです。

例 すでにお申し込みは定員に達しましたので、
　　事情をお察しいただき、ご理解いただければ幸いです。

相手が強く要望してきたことや、何度もやりとりを重ねてきたことに対して、しっかりと事情を説明し、「これが精一杯なので、どうかご理解ください」と締めるフレーズです。

ご期待に沿えず申し訳ございません。

To:	同僚	先輩	上司	取引先	お客様

例 せっかくお申し込みをいただきましたのに、
　　ご期待に沿えず申し訳ございません。

相手の要望に応えられなかったときの定型フレーズです。謝罪すると同時に、「この件に関しては、これで交渉は終わり」であることを告げています。

書き出し

結び

お礼 感謝

依頼 提案

相談 質問

了承 回答

断り

案内 報告

催促

謝罪

決意 反省

抗議

称賛

お祝い お見舞い

申請

お力になれず申し訳ございません。

| To: | 同僚 | 先輩 | 上司 | **取引先** | **お客様** |

例 貴社の案件に参加することがかないませんでした。
お力になれず申し訳ございません。

例 令和物産様をご推薦申し上げたのですが、
お力になれず、まことに申し訳ございません。

相手の要請を受けて協力したが目的を達成できなかったときや、協力そのものができなかったときなどに、「お力になれず」という文言を使います。力になれなかったことを詫びると同時に、「この件のやりとりはこれで終わらせてください」というニュアンスが含まれています。

またの機会にぜひお願いいたします。

| To: | 同僚 | 先輩 | 上司 | **取引先** | **お客様** |

例 貴社の技術力は弊社も大いに感服しているところですので、
またの機会にぜひお願いいたします。

例 今回はご縁がありませんでしたが、
またの機会にぜひお願いします。

今回は取引が成立しなかったものの、今後もぜひお付き合いしていきたい相手に伝える言葉です。今後、明らかに付き合う可能性のない相手には、実現性の低い希望を与えないためにも、むやみに書かないようにしましょう。

貴社の益々のご発展をお祈り申し上げます。

| To: | 同僚 | 先輩 | 上司 | **取引先** | **お客様** |

例 残念ながら今般はお取引がかないませんでしたが、
貴社の益々のご発展をお祈り申し上げます。

会社対会社のフォーマルな挨拶の中で、断りの文言の最後に付ける定型フレーズです。今後、お付き合いがなさそうな相手であっても、丁寧に締めくくるのがマナーです。

断りのクッション言葉

ありがたいお話ではございますが

| To: | 同僚 | 先輩 | 上司 | 取引先 | お客様 |

例 ありがたいお話ではございますが、

貴社のご期待に沿える材料が揃っておらず、

辞退させていただければと存じます。

例 大変ありがたいお話ですが、

他案件とスケジュールが重複しております。

相手からの要望や要求をクッション言葉で「ありがたいお話」と持ち上げ、感謝の気持ちを示してから断りの言葉を続けます。

身に余るお話ではありますが

| To: | 同僚 | 先輩 | 上司 | 取引先 | お客様 |

例 身に余るお話ではありますが、

私ごときでは務まらない大役と存じます。

例 まことに身に余るお話ですが、社内にて検討の結果、

今回は見送らせていただくことに決定いたしました。

「身に余る」とは、自分の実力や実績以上に高い評価を受けること。「とても名誉なことですが」「とても光栄なのですが」と前置きし、丁重な断りの文言を続けます。

せっかくのお話ですが

| To: | 同僚 | 先輩 | 上司 | 取引先 | お客様 |

例 せっかくのお話ですが、

プロジェクトリーダーは別の方にお願いできないでしょうか。

例 せっかくのお話ですが、技術者の人数が集まらないため、

お引き受けすることがかないません。

「せっかくのお話」という表現には、話を持ってきてくれた相手への感謝の気持ちが込められています。事情を説明し、丁重にお断りするようにしましょう。

書き出し
結び
お礼 感謝
依頼 提案
相談 質問
了承 回答
断り
案内 報告
催促
謝罪
決意 反省
抗議
称賛
お祝い お見舞い
申請

まことにもったいないお話ではございますが

| To: | 同僚 | 先輩 | **上司** | **取引先** | **お客様** |

例 まことにもったいないお話ではございますが、

今回は辞退させていただければと存じます。

「もったいない」という言葉には、「自分の実力以上の評価を受けて、畏れ多い」「身に余ることで恐縮する」という意味があります。相手のオファーに対して感謝の気持ちを伝えながら、断りを入れるフレーズです。

検討を重ねましたが

| To: | **同僚** | **先輩** | **上司** | **取引先** | **お客様** |

例 営業2課にて検討を重ねましたが、

今回は2課だけで動くのがよいと判断いたしました。

例 弊社社内にて検討を重ねましたが、

本案件では他社製品を採用させていただくことになりました。

身内で何度も検討し、考えた末の結論であることを相手に伝えるクッション言葉です。

不本意ながら

| To: | 同僚 | 先輩 | 上司 | **取引先** | **お客様** |

例 お問い合わせの件につきましては、

不本意ながら他社にお願いすることとなりました。

例 まことに不本意ながら、

田中様のご期待に沿えない結果となってしまいました。

「不本意ながら」には、「自分の意思とは関係なく」「自分が期待した結果とはかけ離れた」という意味があります。「残念だ」という意思を伝えながら、相手に断りを入れるときに使います。

断りのクッション言葉

心苦しいのですが

To:	同僚	先輩	上司	取引先	お客様

例 吉田さんには心苦しいのですが、最大多数が参加できる
月曜日に勉強会を開催したいと思います。

「心苦しい」とは「申し訳ない」「心が痛い」という意味で、自分側の都合で相手に迷惑をかけたり、不愉快な思いをさせたりした際に使うクッション言葉です。相手への思いやりを感じさせる効果があります。

POINT

文末に「～できず心苦しい限りです」と用いることでも印象をやわらげる効果があります。

大変恐縮ではございますが

To:	同僚	先輩	上司	取引先	お客様

例 大変恐縮ではございますが、
貴社のご期待に応えることができません。

例 大変恐縮ではございますが、
今回のセミナー参加は辞退させていただければと存じます。

「大変恐縮ではございますが」は、謝罪文やお願い文、お断り文にも使えるクッション言葉です。相手を畏れ敬い、へりくだる表現ですので、丁重な文面を続けましょう。

まことに残念ではございますが

To:	同僚	先輩	上司	取引先	お客様

例 まことに残念ではございますが、
今回は貴社にお仕事をご依頼できないこととなりました。

「残念」という気持ちはメールを送った当人の気持ちを表しており、相手への配慮を示しています。断られるのは誰しも気分が悪いものですが、このように血の通った表現をすることで、自分の気持ちを伝えることができます。

第2章 文例集

書き出し

結び

お礼 感謝

依頼 提案

相談 質問

了承 回答

断り

案内 報告

催促

謝罪

決意 反省

抗議

称賛

お祝い お見舞い

申請

まことに不本意ではございますが

| To: | 同僚 | 先輩 | 上司 | 取引先 | お客様 |

例 まことに不本意ではございますが、
今回のテーマは見送らせていただくことになりました。

「不本意ながら」と同じで、自分の意思とは関係なく、残念な結果になってしまったことを伝えるフレーズです。「まことに」「ございますが」と付けることで、かなり丁重な表現になります。

お気持ちは重々承知しておりますが

| To: | 同僚 | 先輩 | 上司 | 取引先 | お客様 |

例 田中様のお気持ちは重々承知しておりますが、
今回は弊社を取り巻く環境をお察しいただき、
ご理解のほど、何卒よろしくお願い申し上げます。

例 お気持ちは重々承知しておりますが、
私どもの努力だけではしのぎ切れない諸事情があり、
しばらくお取引をお休みさせていただくことになりました。

気心の知れた相手や、何度も仕事をしている親しい取引先などに向けて、「あなたの悔しさを深くお察しいたします」「無念な思いを私は痛いぐらい理解しています」と伝える言葉です。何度もやりとりした後、相手の心を静めるために使います。「承知」の代わりに「理解」「お察し」などに言い換えることもできます。

あいにく○○で〜

| To: | 同僚 | 先輩 | 上司 | 取引先 | お客様 |

例 あいにく吉田はお休みをいただいておりますので、
代わりに私がお話を伺います。

例 あいにくその日は予定が入っておりますので、
翌週ではいかがでしょうか。

「あいにく」は希望どおりにならないことや、都合が悪い状態のことを指します。「申し訳ありませんが」「残念なことですが」と言い換えることもできます。

案内・報告のメール

新製品発表会を案内する

To: | 同僚 | 先輩 | 上司 | 取引先 | お客様

株式会社令和物産
田中一郎様

いつも大変お世話になっております。
虹色商事の伊藤晶です。

このたび「調理家電シリーズ」の新製品発表会を
開催することとなりました。
田中様にはぜひご参加いただきたくお願い申し上げます。

◆日時：10月20日（火）　午後2時～4時
◆場所：○○ホテル　○○の間（https://www.******.jp）

当日は販売促進に役立つ情報をご提供できるように
弊社スタッフ一同、努めてまいります。

お手数ではございますが、出欠を10月15日（木）までに
伊藤宛にご連絡ください。

何卒よろしくお願いいたします。

————————————————————————————

株式会社虹色商事 営業部 営業2課　　伊藤 晶（ITO Sho）
〒***-****　東京都千代田区 ****************
TEL：03-****-****　/　FAX：03-****-****
Mail：s-ito@*******.com

書き出し

結び

お礼 感謝

依頼 提案

相談 質問

了承 回答

断り

案内 報告

催促

謝罪

決意 反省

抗議

称賛

お祝い お見舞い

申請

案内・報告の内容に相手が興味を持ってくれるよう、詳細情報を見やすく表記するとともに、参加するとどのようなメリットがあるのかもひと言書くと効果的です。

POINT

まず、何についての案内・報告なのかを明確にします。

言い換え

○ ご出席を賜りたく存じます。
○ お運びくださいますようお願い申し上げます。

POINT

日時や場所などは箇条書きにしてひと目でわかるようにします。会場の住所や地図のリンク先も示すと親切です。

POINT

出欠の返信がほしいことを伝え、その期限を必ず書きましょう。

COLUMN **詳細が伝わると返信しやすい**

せっかく案内を出しても情報が曖昧だと、受け取った側も返信に困ります。判断に必要な情報をわかりやすく伝えたうえで「ご参加いただけますか」と尋ねましょう。

情報を伝える

お知らせいたします。

| To: | 同僚 | 先輩 | 上司 | 取引先 | お客様 |

例 今後のスケジュールをお知らせいたします。

例 本日、ご指定先への納品が完了いたしましたので、
お知らせ申し上げます。

同僚宛なら「お知らせします」でもかまいませんが、目上の人や社外の人に対しては「お知らせいたします」を使うと丁寧です。より敬意を示したいときは「お知らせ申し上げます」とします。

ご連絡いたします。

| To: | 同僚 | 先輩 | 上司 | 取引先 | お客様 |

例 ミーティングの日時をご連絡いたします。

例 次回会議の開始時間が変更となりましたので、
ご連絡申し上げます。

同僚宛なら「ご連絡します」でもかまいませんが、目上の人や社外の人に対しては「ご連絡いたします」を使うと丁寧です。より敬意を示したいときは「ご連絡申し上げます」とします。

ご案内いたします。

| To: | 同僚 | 先輩 | 上司 | 取引先 | お客様 |

例 弊社ショールームを拡張いたしましたので、ご案内いたします。

例 製品体験会のトークイベントについてご案内申し上げます。

「お知らせします」「ご連絡します」と同様に使われる言葉ですが、より詳しい説明をしたり、招待したりするときに使うと収まりがよいです。

POINT

上記の3つのフレーズは副詞「謹んで」を付けることができます。「敬意を示して」「うやうやしく」という意味が加わるので、礼を尽くしたい社外宛のメールで使われます。

決定事項を伝える

～いたします。

To: 同僚 先輩 上司 取引先 お客様

例 新宿営業所を5月20日に移転いたします。

「する」の謙譲語の「いたす」は相手が誰でも使える表現です。

～することになりました。

To: 同僚 先輩 上司 取引先 お客様

例 次回の社内報告会は下記日程で行うことになりました。

「このように決まりました」というニュアンスを感じさせるので、決定事項の伝達によく使われます。

～する運びとなりました。

To: 同僚 先輩 上司 取引先 お客様

例 創業10周年を記念して

感謝イベントを開催する運びとなりました。

準備を重ねてようやく発表できるようになった場合や、紆余曲折があったもののこうなったという場合などに使われる表現です。一定の重みを感じさせる言葉です。

～させていただきます。

To: 同僚 先輩 上司 取引先 お客様

例 まことに勝手ながら、下記の期間を

夏期一斉休業とさせていただきます。

「させてもらう」の謙譲語が「させていただく」です。こちらの都合で何かをする場合に使うと感じがいいものです。ただし、何度も使うとくどくなるので、気をつけましょう。

書き出し / 結び / お礼・感謝 / 依頼・提案 / 相談・質問 / 了承・回答 / 断り / 案内・報告 / 催促 / 謝罪 / 決意・反省 / 抗議 / 称賛 / お祝い・お見舞い / 申請

お送りいたします。

| To: | 同僚 | 先輩 | 上司 | 取引先 | お客様 |

例 次回会議の資料をお送りいたします。

例 ご依頼いただきました見積書をお送り申し上げます。

例 取引先の夏季休暇一覧をエクセルにまとめたので、
添付にてお送りします。

同僚宛なら「お送りします」でもかまいませんが、目上の人や社外の人に対しては「お送りいたします」を使うと丁寧です。より敬意を示したいときは「お送り申し上げます」とします。

POINT

「お送りします」は、データをメールに添付して送るほか、書類や物品を発送するときにも使えるフレーズです。紛らわしい内容の場合は「添付にて」「郵送で」など具体的に示すと親切です。

送らせていただきます。

| To: | 同僚 | 先輩 | 上司 | 取引先 | お客様 |

例 今回の価格改定の対象となる製品の
新価格表を送らせていただきます。

例 展示会場のマップを添付にて送らせていただきます。

「させていただく」は「させてもらう」の謙譲語です。こちらの都合で送る場合などに使うと、謙虚な姿勢が伝わって感じがよいものです。ただし、何度も使うとくどい印象を与えるので、多用は避けましょう。

POINT

資料などを添付ファイルで送る場合は、「添付にて」と明記するとより丁寧になります。また、先方の見落としを防ぐ効果もあります。添付ファイルのサイズや形式には注意しましょう。 （➡ P34-35 参照）

書き出し
結び
感謝 お礼
提案 依頼
質問 相談
回答 了承
断り
報告 案内
催促
謝罪
反省 決意
抗議
称賛
お見舞い お祝い
申請

発送いたします。

To: 同僚 先輩 上司 取引先 お客様

例 ご注文いただいた商品を本日、発送いたします。

例 ご注文の品は本日、宅配便にて発送いたしました。

例 記念品が届いたので、各課宛てに発送します。

> 同僚宛なら「発送します」でもかまいませんが、目上の人や社外の人に対しては謙譲語である「発送いたします」を使うと丁寧です。発送後にメールする場合は過去形にし、「宅配便にて」「郵送にて」というように発送手段も明記すると注意が行き届いたメールになります。

送付いたします。

To: 同僚 先輩 上司 取引先 お客様

例 先月の売り上げデータを添付にて送付いたします。

例 産休中の手続きに必要な書類は、ご自宅に郵便で送付します。

例 お申し付けの製品カタログを本日、
レターパックで送付いたしました。

例 アンケートの結果をまとめましたので、
添付にて送付いたします。

例 昨日の議事録を添付にてご送付します。

> 同僚宛なら「送付します」でもかまいませんが、目上の人や社外の人に対しては謙譲語である「送付いたします」を使うと丁寧です。礼を尽くしたい目上の人や社外の人に対しては、「ご」を付けた「ご送付します」のほうが感じがよいです。

POINT

同じ「送り届ける」という意味でも、郵便で送る場合は「郵送」、他の宅配業者などで送ることを「配送」とよびます。また、「発送」は「送り出す」ことを指します。

参加をお願いする

ご出席ください。

| To: | 同僚 | 先輩 | 上司 | 取引先 | お客様 |

例 どうぞお気軽にご出席ください。

例 ご都合がよろしければ、ぜひご出席ください。

「出席」に「ご」と「ください」が付いた尊敬語なので、あらゆる相手に使えます。ただし、ストレートな言い方なので、軽くお誘いする場合に使うとしっくりきます。

ご出席願います。

| To: | 同僚 | 先輩 | 上司 | 取引先 | お客様 |

例 ご多忙中まことに恐縮ですが、何卒ご出席願います。

例 ご多用とは存じますが、ぜひご出席願います。

出席を切望する場合に使われる表現です。「何卒」「ぜひ」などを加えることで、とても切望しているというニュアンスになります。

出席していただきたく存じます。

| To: | 同僚 | 先輩 | 上司 | 取引先 | お客様 |

例 ご多忙のところを大変恐縮ですが、万障お繰り合わせのうえ、出席していただきたく存じます。

「してもらいたいと思っている」の謙譲語が「していただきたく存じます」です。ビジネスメールでよく使われる表現で、目上の人や社外の人に敬意を表したいときに使います。

POINT

出席をお願いするときは、相手への配慮として「ご多忙のところ恐縮ですが」や「ご多用とは存じますが」などの言葉を入れましょう。こうしたクッション言葉を用いることでやわらかい物言いになり、人間関係を円滑にする効果があります。

ご出席をお待ちしております。

To: 同僚　先輩　上司　取引先　お客様

例 お忙しいところを恐縮ですが、ご出席をお待ちしております。

皆さまのご出席をスタッフ一同、お待ちしております。

「お待ちしております」は「切望している」という気持ちを伝える表現です。「お待ち申し上げております」も使われますが、やや堅苦しい印象になります。

お運びくださいますようお願い申し上げます。

To: 同僚　先輩　上司　取引先　お客様

例 お時間がございましたら、

お運びくださいますようお願い申し上げます。

「来てください」「行ってください」を奥ゆかしくて美しい言葉に置き換えたものが「お運びください」です。目上の人や役職の高い人などに来てほしい場合に使える表現です。

ご出席を賜りたく存じます。

To: 同僚　先輩　上司　取引先　お客様

例 ご多用中のところをまことに恐縮ですが、

ご出席を賜りたく存じます。

「賜る」は「いただく」と同様の謙譲語ですが、よりかしこまったメールで使われます。目上の人や得意先の人などに来てほしい場合にふさわしい表現です。

POINT

メールの前半で「ご出席賜りたく、ご案内申し上げます」と案内する旨の文言を加えると、続く文章で出席してほしい会議やイベントなどの詳細を説明する流れがスムーズになります。

書き出し　結び　お礼 感謝　依頼 提案　相談 質問　了承 回答　断り　案内 報告　催促　謝罪　決意 反省　抗議　称賛　お祝い お見舞い　申請

来訪をお願いする

お越しください。

To:	同僚	先輩	上司	取引先	お客様

例 お誘い合わせのうえ、ぜひお越しください。

例 大雨の予報も出ておりますので、
どうぞお気をつけてお越しください。

シンプルでわかりやすい尊敬表現で、使い勝手のよいフレーズです。相手が来ることが確定したあとに送るメールで、悪天候が予想される場合などは「お気をつけてお越しください」と書くと気遣いを感じさせるメールになります。ただし、特に懸念材料がないのに使うと、なかには「気をつけろだなんて縁起でもない」と不快に感じる人もいるので、乱用は避けましょう。

お立ち寄りください。

To:	同僚	先輩	上司	取引先	お客様

例 秋の新作が入荷いたしましたので、ぜひお立ち寄りください。

例 次回お打ち合わせの際に、
展示ルームにもぜひお立ち寄りください。

「立ち寄る」には「目的地に行く途中で、ついでに訪れる」という意味があるので、「ついでの際に気軽に来てください」というニュアンスで使うとよいでしょう。

一度足を運んでいただけますと幸いです。

To:	同僚	先輩	上司	取引先	お客様

例 ぜひご覧いただきたく、一度足を運んでいただけますと幸いです。

「足を運ぶ」には「わざわざ出向く」という意味があるので、「わざわざ来ていただくのは申し訳ないが、来てほしいです」という意味合いがあるフレーズです。「一度」を付けると、「1つの試みとして」というニュアンスが加わります。

詳細確認をお願いする

ご確認ください。

To: 同僚 先輩 上司 取引先 お客様

例 見積書をお送りいたしますので、ご確認ください。

例 ご提案内容を修正いたしましたので、ご確認をお願いいたします。

例 日程表をお送りしますので、
ご確認くださいますようお願い申し上げます。

例 パンフレットを郵送いたしましたので、
ご確認いただきたく存じます。

例 いくつか変更が生じましたので、ご確認いただけますか。

「確認」という相手の行動に「ご」を付けることで丁寧になりますが、「ご確認ください」は少々ぶっきら棒な印象を与えることがあるので、目上の人や社外の人には「ご確認願います」「ご確認くださいますようお願い申し上げます」としてもいいでしょう。

POINT

「存じます」は「思います」「考えます」の謙譲語です。失礼にならないように相手の行動を促したいときには、「〜いただきたく存じます」と書くと感じがいいものです。「〜いただけますか」も同様です。

ご参照ください。

To: 同僚 先輩 上司 取引先 お客様

例 申請方法に関しては、マニュアルをご参照ください。

例 見積りの詳細については、
添付書類のご参照をお願いいたします。

例 会場へのアクセスは、
公式WEBサイトをご参照いただきたく存じます。

「参照」とは「内容を照らし合わせて参考にすること」を意味します。概要のほかに、詳細を確認できる資料やデータがある場合「ご参照ください」と案内します。

書き出し 結び お礼 感謝 依頼 提案 相談 質問 了承 回答 断り 案内 報告 催促 謝罪 決意 反省 抗議 称賛 お祝い お見舞い 申請

詳細確認をお願いする

お目通しください。

To:	同僚	先輩	上司	取引先	お客様

例 資料を作成いたしましたので、お目通しください。

例 企画の詳細をお送りします。ぜひ、お目通しいただきたく存じます。

例 工程表を書き出してみましたので、
お目通しいただきたくお願い申し上げます。

例 会議の報告書をお送りします。お目通しをお願いいたします。

「目通し」は「ひととおり見ること」です。「丁寧に見てほしい」というよりは「全体を
ざっと見てほしい」というニュアンスで使われることもあるようです。同僚や気心
の知れた相手に対しては「お目通しください」でもかまいませんが、目上の人や社
外の人には「お目通し願います」としたほうが丁寧な印象を与えます。

POINT

「お目通し」に似た言葉の「お目通り」は「目上の人、身分の高い人に会う」
という意味の言葉です。意味がまったく異なるため、混同しないように
しましょう。

ご高覧ください。

To:	同僚	先輩	上司	取引先	お客様

例 新規取り扱い商品のカタログを添付いたしますので、
ぜひご高覧ください。

例 今年度のパンフレット見本が届きました。
ご高覧いただけますと幸いです。

「高覧」は「目上の人が見る」ことを敬って表現する言葉です。「ご」を付けてより
丁寧な表現にして使うのが一般的です。

POINT

「お目通し」と「ご高覧」は、「目を通す」というニュアンスがあります。じっ
くり丁寧に確認してほしい場合には、「ご査収」を使います。

ご一読ください。

| To: | 同僚 | 先輩 | 上司 | 取引先 | お客様 |

例 プレゼンの資料を作成いたしましたので、ご一読ください。

例 令和物産様のプレスリリースが公開されました。

　下記URLからご一読願います。

例 新製品のリリース情報を下記のURLで公開しております。

　ご一読いただければ幸いです。

> 「一読」とは「一度読むこと」を意味する言葉で、「ご」を付けることで丁寧になります。「ご一読ください」でも間違いではありませんが、目上の人や社外の人に対しては「ご一読願います」「ご一読いただければ幸いです」としたほうが丁寧な印象を与えます。

ご覧ください。

| To: | 同僚 | 先輩 | 上司 | 取引先 | お客様 |

例 弊社サービスの導入事例をお送りしますので、ご覧ください。

例 提案書をお送りしますので、どうぞご覧ください。

例 昨年度の会場の様子を知りたい方は、

　下記のWEBサイトをご覧ください。

> 「見ること」の敬語表現が「ご覧」です。目上の人や社外の人に対して礼を尽くしたいときは、左ページにある「ご高覧」という言葉を使うときちんとしている印象のメールになります。

POINT

書類やサイトの情報などに「目を通してください」とお願いすることは、相手の時間を頂戴するということです。それを自覚して、謙虚な印象を与えるメールを書きましょう。相手への配慮として「お時間のあるときで結構ですので」「お手すきのときで結構ですので」などを加えることもできますが、重要度が低く感じ取られ、読んでもらえない可能性も高くなります。

ご査収ください。

To:	同僚	先輩	上司	取引先	お客様

例 本日の会議の議事録を添付いたします。ご査収ください。

例 先程ご指定の口座に入金いたしましたので、
ご査収いただきたく存じます。

例 請求書を送付いたしましたので、ご査収願います。

例 提案書を修正いたしましたので、
再度ご査収のほどお願い申し上げます。

「査収」とは、「よく確認して受け取ること」を意味する言葉で、重要な書類や金銭などのやりとりの際によく使われます。「ご査収ください」とすることで、「よく調べて受け取ってください」の敬語表現になります。目上の人や社外の人に使うときは、へりくだった丁寧な言い方で「ご査収いただきたく存じます」とするとより深く敬意を示すことができます。

POINT

「査収」は相手に対して使う言葉で、自分に対して使うのは間違いです。「ご査収ください」に返事をするときは、「確かに受領いたしました」「受け取りました」、もしくは内容を確認したあと「確認いたしました」を使います。

ご検収ください。

To:	同僚	先輩	上司	取引先	お客様

例 商品を納品いたしましたのでご検収ください。

例 ご注文の品が予定より早く納入されたと連絡がありました。
ご検収いただければ幸いです。

「検収」は「注文された品が納品された際、注文内容と合っているか確認して受け取ること」です。「査収」が依頼された物以外の確認や受け取りも含むのに対し、「検収」は、特に送られてきた物の数や種類をチェックする意味合いが強くなります。

報告する

報告いたします。

例 IT勉強会に参加したので報告いたします。

例 新製品についてのモニター調査をまとめましたので、
ご報告します。

例 今月の世田谷地区の受注目標について、
本日現在の進捗状況をご報告申し上げます。

同僚宛なら「報告します」でもかまいませんが、目上の人や社外の人には、「報告いたします」とし、さらに礼を尽くして丁寧に報告をしたいときは、「ご報告申し上げます」を使うとよいでしょう。

謹んでご報告いたします。

例 お客様から寄せられたクレーム品の調査結果を下記のとおり、
謹んでご報告いたします。

例 弊社製造の加湿器の一部に不具合が見つかりました。
ここに原因と今後の対策について、
謹んで報告させていただきます。

報告内容には軽重があります。製品トラブルや業務上の問題など、特に重要な報告をするときは、「謹んで」を加えると「敬意を示して」「うやうやしく」という意味が加わり、報告内容と釣り合いがとれます。役職の高い人に報告をするときにも適しています。

POINT

報告とは、自分に課せられた仕事の経過や結果を知らせることです。何の報告をしているのかが即座に伝わるように、「〜をご報告いたします」「〜についてご報告申し上げます」と明確に書くようにしましょう。

催促のメール

納期を過ぎたアンケートを催促する

To: | 同僚 | 先輩 | 上司 | 取引先 | お客様

株式会社令和物産
田中一郎様

いつも大変お世話になっております。
虹色商事の伊藤晶です。

先日お願いしました「弊社商品モニターアンケート」について
ご連絡いたします。

5月10日（金）がご返信の締め切り日でしたが、
本日時点でこちらに届いていないようです。
お忙しいところ恐縮ですが、ご確認いただけないでしょうか。

来期以降の商品開発に役立てるためのアンケートですので、
率直なご感想やご要望などを心待ちにしております。
明日中にご返信くださいますと大変助かります。

何卒よろしくお願いいたします。

────────────────────────

株式会社虹色商事 営業部 営業2課　　伊藤 晶（ITO Sho）
〒 ***-****　東京都千代田区 *****************
TEL：03-****-****　/　FAX：03-****-****
Mail：s-ito@*******.com
WEB：https://www.******.com

────────────────────────

催促の目的は、依頼した仕事や返信を確実にもらうことです。相手に気持ちよく行動してもらうためには、決して責めたりせず、配慮のある丁寧なメールを書きましょう。

POINT

相手が忘れていたとは限らず、何らかのトラブルで届いていない可能性もあるので、確認してほしいことを穏やかに伝えましょう。

言い換え

○ いかがなりましたでしょうか。
○ いま一度のご確認をお願いいたします。

POINT

「早く送らなくては」という気持ちにさせるためには、いかに重要なアンケートなのかを伝えると効果的です。

POINT

いつまでに送ってほしいかを明確に伝えて行動を促します。

COLUMN **相手が相談しやすい雰囲気づくり**

相手が苦心していて遅れている場合もあります。相談しやすいように「何かご不明な点がございましたら、お気軽にお問い合わせください」とひと言加えると効果的です。

対応を求める

ご確認いただけましたか。

| To: | 同僚 | 先輩 | 上司 | 取引先 | お客様 |

例 先日お送りしました提案書の件ですが、

ご確認いただけましたか。

先方から返事がない場合、いきなり「お返事をいただいておりませんが……」ととがめるような言い方は避けます。こちらの手違いで先方に届いていない、あるいは相手がうっかり忘れていたという可能性があるからです。やんわりと尋ねるようにしましょう。

ご確認のほど、よろしくお願いいたします。

| To: | 同僚 | 先輩 | 上司 | 取引先 | お客様 |

例 記念パーティのご出席の可否はいかがでしょうか。

ご確認のほど、よろしくお願いいたします。

例 企画書の添付ファイルは問題なく開けましたか。

ご多忙中恐縮ですが、

ご確認のほどよろしくお願い申し上げます。

上の「ご確認いただけましたか」と比べると、催促の度合いがやや高いフレーズです。相手に「確認する」という行動を促しています。しかし、「〜のほど」とやわらかい言い方をしているので、穏便なメールになります。

ご覧になりましたか。

| To: | 同僚 | 先輩 | 上司 | 取引先 | お客様 |

例 お送りした製品カタログはご覧になりましたか。

例 昨日、在庫の有無を問い合わせるメールをお送りしたのですが、

ご覧になりましたか。

「見てくれていますよね。確認してください」という気持ちを失礼のないように丁寧に伝えることができるフレーズです。このようなやわらかいフレーズを使うとトゲトゲしくなりません。

書き出し

結び

お礼 感謝

依頼 提案

相談 質問

了承 回答

断り

案内 報告

催促

謝罪

決意 反省

抗議

称賛

お祝い お見舞い

申請

ご高覧いただけましたか。

To: 同僚 | 先輩 | 上司 | 取引先 | お客様

例 食品フェアの企画書の件ですが、ご高覧いただけましたか。

例 先週末に関連記事を添付ファイルでお送りしました。

ご高覧いただけましたか。

「見てくれましたよね。確認してください」という気持ちを、「見る」の相手を敬った「高覧」を使って、とても丁寧に表したいときに使えるフレーズです。目上の人や社外の人、役職の高い人に見てもらう場合に使うといいでしょう。

〜は届いておりますか。

To: 同僚 | 先輩 | 上司 | 取引先 | お客様

例 6月20日に宅配便でお送りしました素材見本は

届いておりますか。

例 先月分の売上表は届いておりますか。

心配になりましたので、再送いたします。

例 新人研修のレポートは届いておりますか。

最近メールの送受信に不具合があったので、

念のため再送いたします。

「届いていますよね。確認してください」という気持ちを失礼のないように丁寧に伝えることができるフレーズです。実際に、サーバーの不具合などでメールが届いていなかったり、メールソフトに迷惑メールだと判断されて正しく受信されていない可能性もあります。

POINT

相手の対応がない場合、大抵は忘れたり、多忙で対応できていないのが実情でしょう。それでも気持ちよく対応してもらうためには、相手の非を責めているわけではないことを伝えるフレーズを選びます。さらに「心配になりましたので、再送いたします」「念のため再送いたします」と加えて、初回のメールを再送することで確認を促すことができます。

確認ができておりません。

| To: | 同僚 | 先輩 | 上司 | 取引先 | お客様 |

例 本日がお約束の期日でしたが、納品の確認ができておりません。

例 出欠の可否をお知らせいただくようお願いしておりましたが、

まだ確認ができておりません。

「まだ届いていません」「まだ返事がありません」をやわらかい言い方にしたのが「確認ができておりません」です。あくまでも自分が確認できていないと伝えることで、暗に催促をしています。相手の非を責めているようにとらえられることもあるため、相手や場面を選んで使います。「どうされたかと案じております」というフレーズを一緒に使うと、相手を気遣い、責めているわけではないことを表現できます。

お返事をいただけていないようです。

| To: | 同僚 | 先輩 | 上司 | 取引先 | お客様 |

例 見積書の件ですが、お返事をいただけていないようです。

例 昨日からお待ちしておりますが、

まだお返事をいただけていないようです。

「返事がありません。返事をください」を穏やかに伝えたいときに使われるフレーズです。「ようです」とぼかすことで、相手への配慮をにじませています。

いま一度のご確認をお願いいたします。

| To: | 同僚 | 先輩 | 上司 | 取引先 | お客様 |

例 ご入金がまだのようです。いま一度のご確認をお願いいたします。

例 何か問題が発生したのか心配しております。

いま一度のご確認をお願いいたします。

「いま一度」は「もう一度」と同じ意味の言葉で、フォーマルな場で使われることが多い表現です。相手への敬意を示しながら、催促をしたいときに使うと効果的です。

はっきりと対応を求める

すぐにご対応ください。

To: 同僚 | 先輩 | 上司 | 取引先 | お客様

例 すでに納期を大幅に過ぎています。すぐにご対応ください。

例 お客様から苦情がきておりますので、すぐにご対応願います。

もうこれ以上待てない状況になった場合に、相手に対応を強く迫るフレーズです。そうした状況下でも目上の人や社外の人などにはぶしつけにならないように「～いただきたく存じます」と丁寧なフレーズを使うといいでしょう。

早急に（大至急）ご対応ください。

To: 同僚 | 先輩 | 上司 | 取引先 | お客様

例 これ以上の遅延がないように、早急にご対応ください。

例 納期を厳守するために、

大至急ご対応をお願いいたします。

例 支払い期限を過ぎています。

早急にご対応いただきたく存じます。

一刻も待てない緊急事態になったときは、「早急」「大至急」という強い言葉を使います。上の3つの例は、同じ強い言葉を使っていますが、それに続くフレーズが異なっています。相手との関係によって、使い分けるようにしましょう。

これ以上納期を延ばすことはできません。

To: 同僚 | 先輩 | 上司 | 取引先 | お客様

例 すでに発売日は決定ずみですので、

これ以上納期を延ばすことはできません。

例 弊社の資金繰りの関係上、

これ以上支払い期日を遅らせることはできません。

最後通告ともいえるフレーズです。何度も催促したのに対応してくれなかった相手に対して使います。

状況を尋ねる

その後いかがでしょうか。

| To: | 同僚 | 先輩 | 上司 | 取引先 | お客様 |

例 先般メールにてお願いした色見本のことですが、
その後いかがでしょうか。

例 機器内部の部品を交換させていただきましたが、
その後いかがでしょうか。

「状況を知りたいです」という気持ちをやわらかく伝えるフレーズです。挨拶のように穏やかに問いかけることで、相手の警戒を解く効果もあります。目上の人や社外の人へも失礼にならないフレーズです。

どのような状況でしょうか。

| To: | 同僚 | 先輩 | 上司 | 取引先 | お客様 |

例 お願いしておりますアンケートの回収は、
現在どのような状況でしょうか。

上の「その後いかがでしょうか」と同様にやわらかな言い方ですが、「状況」という言葉を使うことでさらに一歩踏み込んだフレーズともいえます。具体的な状況を説明してほしいときに使うといいでしょう。

いかがなりましたか。

| To: | 同僚 | 先輩 | 上司 | 取引先 | お客様 |

例 日程のご相談の件、いかがなりましたか。

例 お送りした見積書の件ですが、その後いかがなりましたか。

「どうなりましたか」と聞きたい気持ちをやわらかく表現するフレーズが「いかがなりましたか」です。聞きにくい相手や、礼を尽くしたい目上の人、社外の人に対して使うといいでしょう。

進捗状況はいかがでしょうか。

To: 同僚 先輩 上司 取引先 お客様

例 受注計画の見直しの件ですが、進捗状況はいかがでしょうか。

例 工期の半分が過ぎましたが、現在の進捗状況はいかがでしょうか。

> 「進捗」とは、物事が進み、はかどることをいいます。仕事の進み具合を尋ねるときに「進捗状況」という言葉がよく使われます。特に「特定の作業が今どこまで進んでいるのか」といった具体的な状況について聞いたり答えたりするときに使われます。

状況をお知らせください。

To: 同僚 先輩 上司 取引先 お客様

例 納期が過ぎました。ひとまず、状況をお知らせください。

例 入荷の遅れが生じているようですが、
状況をお知らせいただきたく存じます。

例 お返事をお待ちしておりますので、
状況をお知らせいただけますと助かります。

> 「状況をお知らせください」は、相手に行動を要求するフレーズです。「いかがでしょうか」といったやわらかい表現ではすまなくなってきた段階で使うのに適しています。とはいえ、目上の人や社外の人に対してあまり強い表現を使いたくないという場合もあるかもしれません。そのようなときは、3番目の「状況をお知らせいただけますと助かります」を使うといいでしょう。

POINT

催促はしたいが、ぶしつけな物言いは避けたいというのが、催促メールを送る際の悩みどころですが、やわらかいフレーズを使うためには時間の余裕も必要です。先延ばしにせず、適切なタイミングでメールを送るように心がけましょう。

返信を求める

お返事をお待ちしております。

| To: | 同僚 | 先輩 | 上司 | 取引先 | お客様 |

例 ご回答の期限が本日までとなっておりますので、
お返事をお待ちしております。

「返事をください」のやわらかい表現ですが、「お待ちしております」という言葉によって、相手も「これは大変だ。待たせてはいけない」と受け止めることでしょう。やさしい言葉ながら、静かにプレッシャーをかけるためのフレーズともいえます。

お返事ください。

| To: | 同僚 | 先輩 | 上司 | 取引先 | お客様 |

例 送迎会の幹事についてお返事ください。

例 お打ち合わせの日時について、お返事願います。

例 確実な納品時期について、お返事いただきたく存じます。

同僚や気心の知れた相手、頻繁にメールのやりとりをしている相手なら、「お返事ください」というシンプルなフレーズが適しています。目上の人や社外の人に対して失礼のない言い方をしたい場合は、「お返事いただきたく存じます」とするといいでしょう。

お返事いただけませんでしょうか。

| To: | 同僚 | 先輩 | 上司 | 取引先 | お客様 |

例 いつまでにご返却いただけるのか、
折り返しお返事いただけませんでしょうか。

例 資材発注の段取りもございますので、
できましたら、今週中にお返事いただけますと助かります。

「返事をください。くれますよね?」という気持ちをやわらかに表現するフレーズです。言いにくい相手や目上の人、社外の人に返事を促すときにも、失礼なく使えるフレーズです。

困惑を伝える

困惑しています。

To: 同僚 先輩 上司 取引先 お客様

例 何のご連絡もなく、困惑しています。

例 今後の見通しがまったく立たず、大変困惑しております。

「困惑」とは、「どうしたらよいかわからなくて、困ること」です。「困っている」という言葉よりも重みがあります。相手の不手際などで業務に支障をきたしているときなどに使います。

困っております。

To: 同僚 先輩 上司 取引先 お客様

例 お客様からも催促されており、大変困っております。

例 弊社としましては材料の発注の見通しがつかず、
とても困っています。

上の「困惑しています」よりも軽い印象の言葉ですが、「とても」や「大変」を入れることで、その深刻度を伝えることができます。

いかがしたものかと苦慮しております。

To: 同僚 先輩 上司 取引先 お客様

例 上司からも遅れを取り戻すように厳命されており、
いかがしたものかと苦慮しております。

「とても困っています」の抑制的な言い方です。抑制的ではありますが、深刻な状況であることを相手に自覚させるには十分なフレーズです。

POINT

困っていることを伝えるには、「お客様からも〜」「上司からも〜」と、自分だけでなくほかの人たちや会社全体が困っているという状況を説明すると効果的です。

第2章 文例集

書き出し

結び

お礼 感謝

依頼 提案

相談 質問

了承 回答

断り

案内 報告

催促

謝罪

決意 反省

抗議

称賛

お祝い お見舞い

申請

謝罪のメール

添付ファイルの誤りを謝罪する

| To: | 同僚 | 先輩 | 上司 | 取引先 | お客様 |

株式会社令和物産
田中一郎様

いつも大変お世話になっております。
虹色商事の伊藤晶です。

先程お電話しましたが、ご不在でしたので
メールにて失礼いたします。

本日お送りした請求書の件ですが、
他社様宛のファイルを誤って添付してしまいました。
まことに申し訳ございません。

お手を煩わせて恐縮ですが、先程のファイルは
破棄していただき、本メールに添付のデータをご確認ください。

今後はこのようなことがないよう十分注意いたします。
何卒よろしくお願い申し上げます。

――――――――――――――――――――――――――

株式会社虹色商事 営業部 営業2課　　伊藤 晶（ITO Sho）
〒 ***-****　東京都千代田区 ****************
TEL：03-****-****　/　FAX：03-****-****
Mail：s-ito@*******.com
WEB：https://www.******.com

――――――――――――――――――――――――――

誰でもミスをしますが、その後の対応によって相手の自分への評価はがらりと違ってきます。ピンチはチャンスと心得て、迅速で誠実な対応を心がけましょう。

POINT

こちらのミスで問題が発生したときには、すぐに電話で連絡するのが常識的な対応です。相手が不在の場合にメールを送ります。

POINT

こちらにどのようなミスがあったかを明確にしたうえでお詫びの言葉を書きます。

言い換え

○ 謹んでお詫び申し上げます。
○ ご迷惑をおかけして申し訳ございません。

POINT

誤送したファイルの破棄など、相手の対応が必要なときは丁寧にお願いします。反省の言葉も加えるとよいでしょう。

➡「決意・反省」P164 ～ 171参照

COLUMN 適切な謝罪で信用を回復する

メールでは自分のミスを認めて誠実にお詫びの言葉を書きましょう。また、メールや電話では信用が回復できない重大なミスの場合には訪問して謝罪することも検討します。

謝罪する

申し訳ございません。

例 ご連絡が遅くなり、申し訳ございません。

例 このたびは無理を申しまして、申し訳ございませんでした。

例 このたびは納品数に間違いがあり、まことに申し訳ございません。

例 午前中にお送りしたメールの件でございますが、

他社様宛のメールを誤って田中様へ送信してしまいました。

ご迷惑をおかけし、大変申し訳ございません。

言い訳のしようがなく、相手に詫びるときに使う言葉が「申し訳ありません」です。その丁寧な表現である「申し訳ございません」は、ビジネスメールで謝罪するときの基本の言葉といえます。また、申し訳ない気持ちがはなはだしいことを表現する「大変」や、気持ちに嘘がないことを意味する「まことに」を付けると、より一層丁寧で誠意の込もった表現になります。

すみません。

| **To:** | 同僚 | 先輩 | 上司 | 取引先 | お客様 |

例 お待たせしてすみません。9月分の月報をお送りします。

例 昨日は突然休んですみませんでした。

十分休みをとって体調も万全になりました。

申し訳ない気持ちを伝える表現です。「申し訳ございません」よりカジュアルなフレーズなので、同僚や近しい先輩に軽く謝るようなときだけに留めましょう。また、「すみません」が変化した「すいません」は俗な言い方なので、メールでは「すみません」とします。

POINT

謝罪する原因となった自分のミスを表現する言葉として、「不手際」があります。「私の不手際でご迷惑をおかけして、申し訳ございません」などと謝罪のフレーズと併せて使い、原因を端的に述べることができます。また、自分の説明不足が原因で誤解が生じたときには「私の説明が足りず」「言葉足らずで」などと表現します。

書き出し

結び

お礼 感謝

依頼 提案

相談 質問

了承 回答

断り

案内 報告

催促

謝罪

決意 反省

抗議

称賛

お祝い お見舞い

申請

申し訳なさでいっぱいです。

| To: | 同僚 | 先輩 | 上司 | 取引先 | お客様 |

例 お約束の期日までにお届けできず、申し訳なさでいっぱいです。

例 私のミスでこのような事態になってしまい、
申し訳ない気持ちでいっぱいです。

「申し訳なく思う気持ちで心の中がいっぱいです」という意味合いのフレーズです。
それだけ重く受け止めているということを伝えたいときなどに使います。

POINT

「申し訳ない気持ち」は「心苦しい気持ち」と言い換えることができます。
また同様の意味合いで「心苦しい限りです」というフレーズもよく使います。「満たすほどたくさん」という意味合いで使う「いっぱい」には、ややカジュアルな響きがあるため、謝罪したいミスが重いものだったり、誠意を尽くしたい場合は「〜限りです」を使ったほうがよいでしょう。

失礼いたしました。

| To: | 同僚 | 先輩 | 上司 | 取引先 | お客様 |

例 せっかくお立ち寄りいただきましたのに外出しており、
失礼いたしました。

例 行き違いからご挨拶ができずに失礼いたしました。

例 昨日は急な事情から貴社に伺うことができず、
大変失礼いたしました。

例 先程はファイルを添付しないまま送信してしまい、
大変失礼いたしました。

「失礼いたしました」は「礼儀を欠いていました」という意味もありますが、「別れ際や詫びるときに使われる軽い挨拶語」でもあります。謝罪の言葉として使うときはそれを踏まえ、「軽く詫びたいこと」あるいは「詫びるほどのことではないこと」に使うのがよいでしょう。また、「失礼いたしました」だけでは軽く感じられる場合は「大変」を付けます。予期せぬアクシデントで予定が変わったときや、ちょっとしたミスを詫びたいときに使うとよいでしょう。

謝罪する

お詫びいたします。

To:	同僚	先輩	上司	取引先	お客様

例 ご連絡が遅くなりましたことをお詫びいたします。

例 行き違いにより何度もお電話してしまいましたこと、
お詫びいたします。

例 皆さまにはご心配とご迷惑をおかけしておりますことを
お詫び申し上げます。

「お詫びします」の丁寧な表現が「お詫びいたします」です。シンプルな物言いなので、あまり深刻ではない事柄で謝罪したいときに使うとよいでしょう。

心よりお詫びいたします。

To:	同僚	先輩	上司	取引先	お客様

例 わたくしの説明不足で誤解を招いてしまい、
心よりお詫びいたします。

例 弊社の不手際により商品の発送が遅れましたこと、
心よりお詫びいたします。

例 先程のメールで田中様の役職名を誤って記載しておりました。
心よりお詫び申し上げます。

「お詫びいたします」をより丁寧に伝えたいときは「心よりお詫びいたします」を使います。自分に非があって相手に迷惑をかけてしまったときなどに使うとよいでしょう。

POINT

ビジネスメールは、曖昧な部分が無く、相手に内容が伝わりやすいように書かれているのが理想です。謝罪メールも同様で、何故謝罪しているのかをはっきりと伝えます。また、起こした問題への具体的な対策や、反省を踏まえた決意（→P166 ～ 171参照）など、建設的な考えも述べるようにします。

第2章 文例集

書き出し

結び

お礼 感謝

依頼 提案

相談 質問

了承 回答

断り

案内 報告

催促

謝罪

決意 反省

抗議

称賛

お祝い お見舞い

申請

深くお詫び申し上げます。

To: 同僚 先輩 **上司** **取引先** **お客様**

例 システム障害により、弊社通販サイトへ
一時的にアクセスしにくくなる事態を招きましたこと、
深くお詫び申し上げます。

例 弊社商品の一部に不具合が発見されましたことを
深くお詫び申し上げます。

「心よりお詫び申し上げます」と同様に、重みのある謝罪のフレーズです。目上の人や社外の人に礼を尽くして丁寧に謝罪したいときに使うとよいでしょう。

謹んでお詫び申し上げます。

To: 同僚 先輩 **上司** **取引先** **お客様**

例 私どものスケジュール管理の甘さから、お約束を果たせず、
謹んでお詫び申し上げます。

例 10月12日に納入いたしました製品に異物が混入しておりました。
謹んでお詫び申し上げます。

「謹んで」とは、「敬意を示して」「うやうやしく」という意味があります。細心の注意を払って謝罪しなければならない相手、あるいは状況に対して使われることが多いフレーズです。

陳謝いたします。

To: 同僚 先輩 **上司** **取引先** **お客様**

例 このたびの件は弊社の発注ミスが原因であり、
混乱を招きましたことを陳謝いたします。

例 私どもの製品管理に問題があったため
貴社に多大なるご迷惑をおかけし、心より陳謝いたします。

「陳謝」とは、「訳を述べて謝ること」という意味があります。つまり、謝罪するような事態を招いた原因を説明したうえで「陳謝いたします」につなげて使うのが正しい使い方です。

不手際を謝罪する

ご迷惑をおかけして申し訳ございません。

To:	同僚	先輩	上司	取引先	お客様

例 再三にわたり、ご迷惑をおかけして申し訳ございません。

例 改装工事にあたり、お客様にはご迷惑とご不便をおかけしており、
申し訳ございません。

例 メールサーバーの不具合により、
メールの送受信ができないという障害が発生し、
ご迷惑をおかけいたしましたことをお詫び申し上げます。

迷惑をかけたり、不便を強いたりしたことを謝罪するときに使うフレーズです。進行中の件に関しては「ご迷惑をおかけしており〜」が使えます。また、より丁寧に伝えたいときは「ご迷惑をおかけしたことをお詫び申し上げます」を使います。迷惑をかけた原因を明確に述べたうえで誠意を持って謝罪しましょう。

ご不快の念をおかけして申し訳ございません。

To:	同僚	先輩	上司	取引先	お客様

例 このたびは私の言葉不足から、
ご不快の念をおかけして申し訳ございません。

「迷惑をかけてすみません」を丁寧に伝えたいときに使えるフレーズです。迷惑をかけた原因を述べたうえで、つなげて使います。

ご心配をおかけして申し訳ございません。

To:	同僚	先輩	上司	取引先	お客様

例 検査結果の伝達ミスでご心配をおかけして申し訳ございません。

例 昨日は、急な体調不良でご心配をおかけして
申し訳ございませんでした。

相手に手間や不利益が生じるほどの問題にはならなかったが、心配をかけてしまったときにお礼の意味合いも込めて使います。

自分の非を認める

弁解の余地もございません。

To:	同僚	先輩	上司	取引先	お客様

例 弊社通販サイトの商品写真と実物が著しく異なっておりますこと、
弁解の余地もございません。

例 お約束を失念してしまうという失態をおかしたことは、
弁解の余地もございません。

「弁解できないほど、申し訳ないことをしました」という気持ちを伝えるフレーズです。こちらに全面的に非がある状況で使います。

申し開きのできないことです。

To:	同僚	先輩	上司	取引先	お客様

例 一度ならず二度も同じミスをしましたことは
申し開きのできないことです。

例 こちらの不手際から二重に請求書をご送付してしまったことは、
申し開きのしようもございません。

「申し開き」とは、「言い訳」「弁明」のことです。「弁解の余地もございません」と同様に、こちらに全面的に非があり、相手を納得させられる理由がないときに使うフレーズです。

POINT

「弁解できません」と同じような意味合いで使うフレーズに「まさにおっしゃるとおりでございます」があります。弁解せずに、相手の言い分に同意する姿勢を示すフレーズといえますが、こうした姿勢を示すことで謝罪を受け入れてもらいやすくなります。また、自分だけでなく相手にも多少の非がある場合もあることでしょう。それを持ち出さずに、あえて「弁解できません」「まさにおっしゃるとおりです」のフレーズを用いることで、事を荒立てずに事態の収拾を図る。そうした使い方もあります。

第2章 文例集

書き出し

結び

お礼 感謝

依頼 提案

相談 質問

了承 回答

断り

案内 報告

催促

謝罪

決意 反省

抗議

称賛

お祝い お見舞い

申請

自分の非を認める

弁明のしようもありません。

To:	同僚	先輩	上司	取引先	お客様

例 このたびは納期を守ることができずに

貴社に大変なご迷惑をおかけし、弁明のしようもありません。

前ページと同様に、こちらに全面的に非があるときに使うフレーズです。

お詫びの言葉もございません。

To:	同僚	先輩	上司	取引先	お客様

例 私どもの見通しの甘さから商品の納入が大幅に遅れ、

お詫びの言葉もございません。

例 弊社のチェックミスからご注文の型番とは違う部品を納入し、

多大なご迷惑をおかけしましたことは

お詫びの言葉もございません。

「あまりに申し訳なくて、お詫びの言葉が見つかりません」という気持ちを表したフレーズです。こちらに全面的に非がある場合に使われます。

ご指摘はごもっともです。

To:	同僚	先輩	上司	取引先	お客様

例 在庫の管理方法に関して、

田中様からいただいたご指摘はごもっともです。

相手から指摘された事柄が正しいと認め、受け入れるときのフレーズです。相手を怒らせるようなミスをした場合に「あなたが怒るのも当然です」と素直に非を認める姿勢を表現します。「おっしゃるとおりです」と言い換えることができます。

POINT

「ご指摘」を「お怒り」と変えると、指摘された内容とは関係なく、相手の怒りに共感を示す表現になります。誤解が生じて怒らせてしまった場合などは、いったん怒りに共感してから、追加の説明をして理解してもらえるようにするとよいでしょう。

書き出し

結び

お礼感謝

依頼提案

相談質問

了承回答

断り

案内報告

催促

謝罪

決意反省

抗議

称賛

お祝いお見舞い

申請

あってはならないことでした。

To: 同僚 先輩 上司 取引先 お客様

例 このような初歩的ミスによって
　間違った見積書をお出しするなどということは、
　あってはならないことでした。

例 田中様へのご報告を怠り、
　その結果このような事態を招いたことは、
　絶対にあってはならないことでした。

「ありえないほど大きなミスをしました」という気持ちを伝えるフレーズです。こちらに全面的に非がある場合に使います。

私の力不足です。

To: 同僚 先輩 上司 取引先 お客様

例 大事な書類に不備がございましたことは、
　ひとえに私の力不足です。

例 納品日が大幅にずれ込むなど、
　私の力不足からご迷惑をおかけしました。

「私の能力や努力が不足していたため、申し訳ない事態になりました」という気持ちを表すフレーズです。相手に非がなく、業務に支障が出てしまっているときに使います。弁解をせずに、素直に謝罪したい場合に使うと感じのいいものです。

こちらに不備がありました。

To: 同僚 先輩 上司 取引先 お客様

例 調査しましたところ、こちらの対応に不備がありました。

例 ご質問をいただいた商品のサイズの件ですが、
　弊社カタログに不備がありました。

不備を認めて謝罪したいときに使われるフレーズです。どこに不備があったのかを明記して使います。

159

自分の非を認める

私の至らなさが招いた結果です。

To:	同僚	先輩	上司	取引先	お客様

例 企画の中止は、私の至らなさが招いた結果です。

例 貴社のご期待に沿えずこのような事態になりましたのは、
私の至らなさが招いた結果です。

「私の思慮や経験が足らずに、このような事態になりました」という気持ちを表す
フレーズです。失敗の詳細な原因などは、メールの前後で説明します。

POINT

自分の非を認めて謝罪する場合には、併せて「今後このようなことがな
いようにします」というように反省や決意を伝えるとスマートです。

私の不徳の致すところでございます。

To:	同僚	先輩	上司	取引先	お客様

例 大事なお打ち合わせの日時を間違えたのは、
私の不徳の致すところでございます。

例 宴席とはいえ、不用意な振る舞いで失態を演じてしまいました。
ひとえに私の不徳の致すところでございます。

「立派な行為」や「よい行いをする性格・品性」などを「徳」といいますが、「不徳」
とはその逆です。つまり「不徳の致すところ」とは、「自分の性格や品性のせいで
起こしたこと」という意味合いの言葉です。弁解できないようなうっかりミスや失
態を起こしたときに使うとしっくりきます。

POINT

社外の人に対して、「納品担当者のミスでした」というように社内のほ
かの人のことを持ち出して謝罪すると見苦しい印象を与えてしまいます。
あくまでも「自分の力不足や至らなさ」や「会社全体の不手際」として
謝罪するのが常識的な対応です。

許しを求める

お許しください。

To: 同僚 先輩 上司 取引先 お客様

例 今後は万全の注意をいたしますので、お許しください。

例 田中様からのご指摘は今後に生かしてまいりますので、
どうかお許しください。

例 再度同じようなミスが起こらないように
チェック体制を見直す所存ですので、どうかお許し願います。

謝罪の気持ちを示すフレーズの一種ですが、反省の気持ちを表したうえで使うようにしましょう。また、目上の人や社外の人には、「お許しください」よりも「お許し願います」を使ったほうが感じがよいです。

POINT

相手が怒っているときには「お許しください」と頼むのではなく、シンプルに謝罪のみをしたほうが気持ちを落ち着けてもらいやすいでしょう。

ご容赦ください。

To: 同僚 先輩 上司 取引先 お客様

例 今後もスタッフ全員に適切な指導を行っていきますので、
どうかご容赦ください。

例 十分な数を入荷しておりますが、売り切れの際はご容赦ください。

例 すぐに新品と交換させていただきますので、
ご容赦いただけませんでしょうか。

「容赦」とは「許すこと」です。「ご容赦ください」は「お許し願います」よりも洗練された印象のフレーズで、ビジネスメールではよく使われます。また2番目の例のように、「希望に沿えないこともある」とあらかじめ断る場合にも使われます。

POINT

上の2つのフレーズは、「どうか」や「平に」という言葉を頭に付けることができます。「どうかお許し願います」「平にご容赦ください」とすることで、「どうにか許してください」という意味合いになります。

許しを求める

ご容赦くださいますよう、
伏してお願い申し上げます。

| To: | 同僚 | 先輩 | 上司 | 取引先 | お客様 |

例 明日には納品できるように手配いたしましたので、

今回のことはご容赦くださいますよう、伏してお願い申し上げます。

例 こちらの不手際で入金が遅れ、まことに申し訳ございません。

至急振り込みましたので、今回ばかりはご容赦いただけますよう、

どうかお願い申し上げます。

「伏して」は「ひれ伏して懇願する」という意味の言葉です。つまり、「なんとかお許しくださるよう、切実に願っております」という気持ちを伝えるフレーズです。深刻な事態になったときの謝罪として重みのあるフレーズといえます。

POINT

「今回ばかりは」を付けることで、「今後は気をつけて二度と起こらないようにしますので、お許しください」という意味合いのフレーズになります。再び同じようなミスをすると信頼回復が難しくなる可能性もありますので、安易に使わないほうがよいでしょう。

ご寛恕ください。

| To: | 同僚 | 先輩 | 上司 | 取引先 | お客様 |

例 私どもの不手際で工場にストップがかかり

田中様には深夜までご対応いただく事態となったこと、

どうかご寛恕ください。

例 私どもとしても大変不本意ではございますが、

法律の改定により当プロジェクトはいったん白紙となります。

ご寛恕いただければ幸いです。

「寛恕」は「広い心で過ちなどを許すこと」です。「容赦」と似たような意味で使われますが、「容赦」と違って日常では使わないビジネス用語なので、改まって目上の人に謝罪するときなどに使います。

理解を求める

第2章 文例集

書き出し

結び

お礼 感謝

依頼 提案

相談 質問

了承 回答

断り

案内 報告

催促

謝罪

決意 反省

抗議

称賛

お祝い お見舞い

申請

ご理解願います。

| To: | 同僚 | 先輩 | 上司 | 取引先 | お客様 |

例 勝手なお願いではございますが、ご理解願います。

例 こちらの独断で使用食材を変更してしまったこと、
どうかご理解願います。

やむをえず決定・実施したことをお願いするときに使う言葉です。「申し訳ないけれど、理解してください（承諾してください）」という意味合いで使われます。

ご理解くださいますようお願いいたします。

| To: | 同僚 | 先輩 | 上司 | 取引先 | お客様 |

例 お客様にはご不便をおかけいたしますが、
ご理解くださいますようお願いいたします。

例 弊社はテレワークを推進しており、
担当者の携帯からご連絡を差し上げることがあると存じますが、
ご理解いただけると幸いです。

やむをえず決定・実施したことで相手の協力をお願いしたいときによく使われるフレーズです。「〜いただけると幸いです」とすることで、お願いしたい気持ちを丁寧に表現することができます。

ご理解とご了承のほど、
よろしくお願いいたします。

| To: | 同僚 | 先輩 | 上司 | 取引先 | お客様 |

例 価格改定のご案内をするのはまことに心苦しいのですが、
ご理解とご了承のほど、よろしくお願いいたします。

やむをえず決定・実施したことを受け入れてほしいという気持ちを表すフレーズです。

決意・反省のメール

相談に乗ってくれた上司にお礼する

| To: | 同僚 | 先輩 | 上司 | 取引先 | お客様 |

吉田課長

お疲れさまです。伊藤です。

昨日は難航していた令和物産への提案書の件でご指導いただき、
ありがとうございます。

提案書を書き直して本日先方に送りましたところ、
すぐにこれで発注したいとのお返事をいただきました。
これもひとえに課長のアドバイスと励ましのおかげです。

最初の提案書は先方の事情やニーズに合わないものであり、
ご指摘いただくまでそれに気づかなかったことを反省しております。
今後はご期待に沿えるよう、精一杯努力いたします。

課長にご相談したい事案がまた発生するかもしれませんが、
その際はご指導のほど、どうぞよろしくお願いいたします。

————————————————————————————
株式会社虹色商事 営業部 営業2課　　伊藤 晶（ITO Sho）
〒 ***-****　東京都千代田区 ****************
TEL：03-****-****　/　FAX：03-****-****
Mail：s-ito@*******.com
WEB：https://www.******.com
————————————————————————————

仕事で問題が発生して上司に相談に乗ってもらったときは、その後の経過報告とお礼を必ずしましょう。これにより上司との信頼関係も深まっていきます。

書き出し

結び

感謝 お礼

提案 依頼

質問 相談

回答 了承

断り

報告 案内

催促

謝罪

反省 決意

抗議

称賛

お見舞い お祝い

申請

POINT

その後、どのような成果があったのか報告しましょう。

POINT

上司のアドバイスと励ましに対してきちんとお礼を述べましょう。

POINT

問題点を整理し直して反省するとともに、今後の決意も書くことで上司に意欲を伝えることができます。

言い換え

○ 誠心誠意努めてまいります。
○ 気を引き締めて邁進する所存でございます。

COLUMN **問題点の軽重に応じた反省の使い分け**

大げさな謝罪はかえって不信感を抱かせてしまうため、大ごとにならなかった場合は「反省しております」とします。会社に損害を与えるような問題が生じたときは「猛省」「責任を痛感」などの言葉を使いましょう。

改善を宣言する

改善いたします。

| To: | 同僚 | 先輩 | 上司 | 取引先 | お客様 |

例 ご指摘の箇所を見直し、改善いたします。

例 このような不手際が起きないように、管理体制を改善いたします。

「悪い箇所や問題点などを改めてよくします」という決意を表明するフレーズです。どこを改めるのかを示したうえで使います。

POINT

「改善します」とは「実際の行動で改善すること」の決意表明といえます。「〜と思います」というフワッとした物言いではなく、「注意いたします」「徹底いたします」とキッパリとした語尾で締めるのが一般的です。

以後気をつけます。

| To: | 同僚 | 先輩 | 上司 | 取引先 | お客様 |

例 二度とこのようなことがないように、以後気をつけます。

「今後は注意して問題が起きないようにします」という決意を表明するフレーズです。シンプルでわかりやすいため、よく使われます。それほど深刻ではないミスをしたときなどに使うとよいでしょう。

今後は十分注意いたします。

| To: | 同僚 | 先輩 | 上司 | 取引先 | お客様 |

例 今回のような間違いがないように、今後は十分注意いたします。

「注意します」より丁寧なフレーズです。目上の人や社外の人へはこちらを使うと感じがよいものです。

POINT

「注意」に似た言葉に「留意」がありますが、「留意」は「忘れず心に留めおく」という、やわらかい意味合いで、ミスの後には使いません。

二度と繰り返さないように対処いたします。

| To: | 同僚 | 先輩 | 上司 | 取引先 | お客様 |

例　このようなことを二度と繰り返さないように対処いたします。

例　二度と不手際を繰り返さないように対処いたします。

「対処いたします」とは「適切な処置をします」という決意を表すフレーズです。実際に行動して対処した、あるいはすぐに対処するというときに使うとよいでしょう。

今後は○○を徹底いたします。

| To: | 同僚 | 先輩 | 上司 | 取引先 | お客様 |

例　今後は納期厳守を徹底いたします。

例　管理体制の強化を図り、

今後はスタッフ間の情報共有を徹底いたします。

「徹底する」とは「中途半端ではなく、貫くこと」です。強い決意を示したいときに使うフレーズといえるでしょう。

ご指摘を真摯に受け止め、
再発防止に努めます。

| To: | 同僚 | 先輩 | 上司 | 取引先 | お客様 |

例　このたびのご指摘を真摯に受け止め、再発防止に努めます。

例　ご指摘を真摯に受け止め、再発防止に努めてまいります。

「指摘を真剣に受け止め、ひたすら再発防止に努めます」という気持ちを表すフレーズです。相手の言い分を受け入れる姿勢を示すことで、こちらの反省を受け入れてもらいやすくなるので、クレームに対する返信によく使われます。

誠意を伝える

努力いたします。

To:	同僚	先輩	上司	取引先	お客様

例 成長した姿を見せられるよう、努力いたします。

例 展示会までの残り2週間、より一層努力してまいります。

「頑張ります」をシンプルに表現する言葉です。同僚や親しい先輩に対しては「努力します」でもかまいませんが、目上の人や社外の人には敬語表現である「努力いたします」を使うようにしましょう。

誠心誠意努めてまいります。

To:	同僚	先輩	上司	取引先	お客様

例 目標を達成できるよう、誠心誠意努めてまいります。

例 お役に立てるよう、誠心誠意努めてまいる所存でございます。

「努力します」をより丁寧に表現したいときは「努めてまいります」を使います。「誠心誠意努めてまいります」とすると本気度を示すことができます。

全力を尽くしてまいります。

To:	同僚	先輩	上司	取引先	お客様

例 早く戦力となれますよう、全力を尽くしてまいります。

例 売り上げに貢献できるように
全力を尽くしてまいる所存でございます。

「持てる力をすべて出して頑張ります」という気持ちを表すフレーズです。

POINT

目上の人や社外の人からメールで「頑張ってください」と励まされることがありますが「頑張ります」は子どもっぽい物言いだと感じる人もいるため、ここで紹介している「努力いたします」「誠心誠意努めてまいります」などを使うようにすると感じのよいメールになります。

書き出し

結び

お礼 感謝

依頼 提案

相談 質問

了承 回答

断り

案内 報告

催促

謝罪

決意 反省

抗議

称賛

お祝い お見舞い

申請

ご期待に沿えるよう全力を尽くします。

To: 同僚 **先輩** **上司** **取引先** **お客様**

例 引き続き、ご期待に沿えるよう全力を尽くします。

例 田中様のご期待に沿えるよう、全力を尽くします。

「期待された結果が出せるように持てる力をすべて出して頑張ります」という気持ちを表すフレーズです。新しい仕事や重要な仕事を任されたときなどに、自分の意欲を伝えるために使うとよいでしょう。

邁進してまいります。
まい しん

To: 同僚 **先輩** **上司** **取引先** **お客様**

例 一層業務に邁進してまいります。

例 品質のさらなる向上に日々邁進してまいります。

「邁進」とは「元気よくひたすら進むこと」です。力強く決意を表明したい場合に適しているフレーズです。

気を引き締めて邁進する所存でございます。

To: 同僚 **先輩** **上司** **取引先** **お客様**

例 今回の経験を生かし、気を引き締めて邁進する所存でございます。

「気を引き締めて、ひたすら進みます」という気持ちを表すときに使われます。ただ威勢がいいだけでなく、緊張感をにじませたフレーズです。

POINT

「〜する所存です」というフレーズは「〜したいと考えています」「〜するつもりです」という意味合いの言葉ですが、これを語尾に付けることで改まった印象になります。

反省を伝える

反省しております。

To:	同僚	先輩	上司	取引先	お客様

例 このような事態を招き、深く反省しております。

例 度重なる不行き届きを大変反省しております。

同僚や親しい先輩に対しては「反省しています」でもよいのですが、目上の人や社外の人に対しては、敬語表現である「反省しております」を使いましょう。

お恥ずかしい限りです。

To:	同僚	先輩	上司	取引先	お客様

例 初歩的なミスでご迷惑をおかけし、お恥ずかしい限りです。

例 ご指摘があるまで間違いに気づかず、

まことにお恥ずかしい限りです。

「恥ずかしい失敗をしてしまい、反省しています」という気持ちを表すフレーズです。うっかりミスをしたときや、相手から指摘されて初めてミスに気づいたときなどによく使われます。

恥じ入っております。

To:	同僚	先輩	上司	取引先	お客様

例 再度同じミスをおかし、恥じ入っております。

例 大変な失態を演じてしまったこと、深く恥じ入っております。

深く恥じることを「恥じ入る」といいます。「とても恥ずかしい失敗をしてしまい、反省しています」という気持ちを表したいときに「恥じ入っています」と使います。

POINT

「反省しています」のフレーズは「申し訳ございません」という謝罪の言葉の後で、改めて自責の念を表現するのに使うケースが多いです。

第2章 文例集

書き出し

結び

お礼 感謝

依頼 提案

相談 質問

了承 回答

断り

案内 報告

催促

謝罪

決意 反省

抗議

称賛

お祝い お見舞い

申請

肝に銘じます。

To: 同僚 先輩 上司 取引先 お客様

例 ご指摘を肝に銘じます。

例 二度とこのような失敗を起こさないよう、肝に銘じます。

「肝に銘じる」とは、「心に深く刻んで忘れない」という意味の言葉です。「絶対忘れないようにします。それほどの事態と認識し、深く反省しています」という気持ちを表したいときに使います。

POINT

「肝に銘じる」の「肝」とは肝臓のことです。「肝臓のような大事なからだの部分に刻み込んで忘れない」というのが語源といわれています。少し大げさかなと感じるようであれば、「ご指摘を心に刻みます」「今回の件を胸に刻みます」などとしてもいいでしょう。

猛省しております。

To: 同僚 先輩 上司 取引先 お客様

例 不手際から多大なご迷惑をおかけし、猛省しております。

例 私の不徳の致すところ、猛省しております。

「厳しく反省しています」という意味合いで使うフレーズです。自分の力不足やミスから損害が出たり、迷惑をかけたときに使います。

責任を痛感しております。

To: 同僚 先輩 上司 取引先 お客様

例 このような結果を招き、責任を痛感しております。

「責任を強く感じています」という気持ちを伝えるフレーズです。自分の責務を果たせなかったことを悔いているときに使われます。

171

抗議のメール

同じミスを繰り返す取引先へ抗議する

To: 同僚 / 先輩 / 上司 / **取引先** / お客様

株式会社令和物産
田中一郎様

いつも大変お世話になっております。
虹色商事の伊藤晶です。

本日納品していただいた部品の件でお問い合わせいたします。

> 早速確認しましたところ、指定した仕様と大きく違っています。
> 以前にもこうしたことがあり、
> 再発防止に努めると確約をいただいていたので、
> 大変困惑しております。

> すでに顧客からの大型受注を得ている状況にありますので、
> 今週中に再納品をお願いできませんでしょうか。
> 仕様書に不明点があるようでしたら再度ご説明いたします。

よろしくお願いいたします。

――――――――――――――――――――――――――――――

株式会社虹色商事 営業部 営業2課　伊藤 晶（ITO Sho）
〒 ***-****　東京都千代田区 *****************
TEL：03-****-****　/　FAX：03-****-****
Mail：s-ito@*******.com
WEB：https://www.******.com

――――――――――――――――――――――――――――――

ミスに抗議するとき、相手を責めるだけでは仕事は進みません。感情的になりすぎずに現状を理解・説明して、問題の打開策を探っていきましょう。

書き出し

結び

お礼 感謝

依頼 提案

相談 質問

了承 回答

断り

案内 報告

催促

謝罪

決意 反省

抗議

称賛

お祝い お見舞い

申請

POINT

何が問題になっているのか、現状を正確に伝えましょう。仕様書などを根拠にして非が先方にあることも明示します。

POINT

こちらの状況を伝え、望んでいる対応を示します。期限も明記しましょう。

言い換え

○ 迅速な対応をお願いいたします。
○ 善処をお願い申し上げます。

POINT

少しでも早く問題が解決できるように、こちらができることがあれば提案するとよいでしょう。

COLUMN **問題解決には話し合いも取り入れて**

メールは問題を可視化し、整理しやすいツールではありますが、電話や対面で意見をすり合わせると安心できるケースもあります。最適な方法を見つけて、確実に問題を解決していきましょう。

迷惑を伝える

困惑しております。

To:	同僚	先輩	上司	取引先	お客様

例 ご連絡がなく、大変困惑しております。

例 発送直前のキャンセルに困惑しております。

例 突然の仕様変更に困惑するばかりです。

「困惑」とは、「困って、どうしたらいいかわからないこと」です。約束を破るなどの非常識な対応をする相手に対して、戸惑っていることを伝えるフレーズとしてよく使われます。主旨としては苦情を伝えるメールでも、高圧的にならずに使うことができます。「困惑するばかり」とすると、より強い困惑を表現できます。

当惑しております。

To:	同僚	先輩	上司	取引先	お客様

例 ご入金を確認できず、当惑しております。

例 お約束を守っていただけない状況に当惑しております。

「当惑しております」は、「困惑しております」とほぼ同じ意味合いのフレーズです。どうしていいかわからずに戸惑っていることを相手に伝えるために使います。

POINT

「困惑」や「当惑」という表現で、状況がよくないことを表現した後は、現状を改めて確認するため「どのようになっていますか、教えてください」という問い合わせや、「どうすれば改善されますか」「手伝えることはありますか」という相談を持ちかけます。

はなはだ迷惑をこうむっております。

To:	同僚	先輩	上司	取引先	お客様

例 納品していただけない状況に、はなはだ迷惑をこうむっております。

「とても迷惑で困っています」という気持ちを表すフレーズです。やんわり抗議しただけでは事態が好転しなかったときなどに使います。

書き出し

結び

お礼 感謝

依頼 提案

相談 質問

了承 回答

断り

案内 報告

催促

謝罪

決意 反省

抗議

称賛

お祝い お見舞い

申請 請

大変遺憾です。

| To: | 同僚 | 先輩 | 上司 | **取引先** | **お客様** |

例 再三お願いしたにもかかわらずご回答がなく、大変遺憾です。

例 こちらの意向がないがしろにされているような仕上がりは、
まことに遺憾です。

「遺憾」とは、「思いどおりにいかずに残念なこと」です。「とても残念です」「とても不満に感じています」という気持ちをキッパリと表したいときに使われます。

業務に支障をきたしております。

| To: | 同僚 | **先輩** | **上司** | **取引先** | **お客様** |

例 まだ資材が届かず、業務に支障をきたしております。

文字どおり、業務に支障をきたすほど困っていることを伝えるフレーズです。こちらが大きな迷惑をこうむり、強く対応を迫るときに使います。

信用にも関わる事態となっております。

| To: | 同僚 | 先輩 | 上司 | **取引先** | **お客様** |

例 振り込み漏れが続いていたということになり、
弊社の信用にも関わる事態となっております。

対外的に信用を失うような、重大な問題であることを伝えます。対応や改善が必要であることを強く訴えます。

POINT

相手が約束を破ったなどの場合、いきなり強い言葉で責めると相手を追い込んでしまうので、最初は「困惑」や「当惑」といった言葉で困っていることを伝えるのがよいでしょう。それでも誠実な対応を得られない場合には、「はなはだ迷惑をこうむっています」などの強い口調のフレーズを使います。

不服を伝える

納得しかねます。

| To: | 同僚 | 先輩 | 上司 | 取引先 | お客様 |

例 このたびの件は納得しかねます。

例 コンプライアンス違反が危惧されるノルマ設定には、
納得しかねます。

「納得できません」の言い換えとしてよく使われるフレーズです。洗練された表現
といえるでしょう。

承服しかねます。

| To: | 同僚 | 先輩 | 上司 | 取引先 | お客様 |

例 契約期間内の価格変更は承服しかねます。

例 取り消しの理由も判然とせず、承服しかねます。

「承服」とは「承知して従うこと」です。相手の要求に従えない場合に使われるフ
レーズです。

POINT

「しかねる」という言葉には、「それをすることに抵抗を感じる」「それを
拒否する」という意味合いがあります。キッパリとした物言いで毅然とし
た印象を与えることができるので、抗議や断りのメールで使われます。

受け入れがたいです。

| To: | 同僚 | 先輩 | 上司 | 取引先 | お客様 |

例 そのような一方的な条件は、
当社としましても受け入れがたいです。

例 互換性がなくなるため、受け入れがたい仕様変更です。

「受け入れられません」と書くとストレート過ぎるので、メールでは「受け入れがた
いです」としたほうが言葉のキツさがやわらぎます。

改善を求める

ご対応ください。

To:	同僚	先輩	上司	取引先	お客様

例 吉田課長からも指示されています。本日中にご対応ください。

例 お待ちしておりますので、ご対応願います。

例 納品の件、すぐにご対応いただきたく存じます。

困った状況を打開するため、相手に適切な処置を求めるときに使われるフレーズです。より丁寧な表現が「ご対応願います」「ご対応いただきたく存じます」です。

POINT

「お願い」ではなく「抗議」の意味合いで対応を要求する場合、緊急度によっては「対応してください」と強い表現を選択することも必要です。

迅速な対応をお願いいたします。

To:	同僚	先輩	上司	取引先	お客様

例 お客様からも催促されておりますので、
迅速な対応をお願いいたします。

「手間取らずに、すぐに対応してください」という意味合いのフレーズです。相手がなかなか対応してくれない場合に使います。

誠意ある回答をお待ちしております。

To:	同僚	先輩	上司	取引先	お客様

例 弊社の信用にも関わる事態になっておりますので、
誠意ある回答をお待ちしております。

例 ご事情もおありでしょうが、誠意ある回答をお待ちしております。

「きちんとした対応をしてください」と相手に要求するときに使われるフレーズです。それまでの対応が不誠実だったということを暗に批判する意味合いもあります。「回答」は「対応」と変えても使えます。

改善を求める

善処をお願い申し上げます。

To: 同僚 | **先輩** | 上司 | 取引先 | お客様

例 納品の件は、至急善処をお願い申し上げます。

例 再度エラー箇所をご確認のうえ、

善処していただきたくお願い申し上げます。

「善処」とは、「物事を適切に処置すること」です。「適切な対応をしてください」
の丁寧な言い方が「善処をお願い申し上げます」です。

ご回答をお待ちしております。

To: 同僚 | **先輩** | **上司** | **取引先** | **お客様**

例 本日中のご回答をお待ちしております。

例 お支払いについての明確なご回答をお待ちしております。

こちらの抗議や要求に対して対応策を出すように求めるフレーズです。はぐらかし
たり、なかなか返信してくれないような相手に使うとよいでしょう。

POINT

「本日中」などと締め切りを設けると緊急を要することが伝わります。

しかるべき対策を講じていただきますよう
お願い申し上げます。

To: 同僚 | 先輩 | 上司 | **取引先** | **お客様**

例 契約どおり完成するように、

しかるべき対策を講じていただきますようお願い申し上げます。

例 上司からもきつく申し渡されておりますので、

しかるべき対策を講じていただきますようお願い申し上げます。

「しかるべき」とは「適切な」という意味の言葉です。適切な対応を強く求める場
合に「しかるべき対策を講じて」と使います。

注意を求める

お気をつけください。

To: 同僚 先輩 上司 取引先 お客様

例 今後はお気をつけください。

例 今後はスムーズに進行できるように、
お気をつけくださいますようお願い申し上げます。

例 納期をお守りくださるよう、気をつけていただければと存じます。

相手の不手際で問題が発生したときに、再びそのようなことがないようにとけん制するフレーズです。接頭語の「お」を付けることで丁寧な物言いになります。

POINT

相手に非がある場合でも、ビジネスの場面では高圧的な伝え方にならないよう、やわらかい物言いを心がけます。

ご注意ください。

To: 同僚 先輩 上司 取引先 お客様

例 クレームにつながることがありますので、今後はご注意ください。

例 今後は入力漏れのないよう、ご注意願います。

例 マニュアルの取り扱いにはくれぐれもご注意いただきたく、
お願い申し上げます。

例 次回から資料の送付先には、ご注意いただけましたら幸いです。

注意を促すフレーズです。同僚や親しい相手であれば「注意してください」とシンプルにお願いしてスムーズに仕事を進められますが、目上の人や社外の人には「ご注意いただけましたら幸いです」など、相手を立てる低姿勢のフレーズを使うとよいでしょう。

POINT

上の2つのフレーズの前に付ける「くれぐれも」という言葉には、その要望を強く念押しする役割があります。高圧的になり過ぎずに強調できるので便利に使えますが、より低姿勢な表現にするなら「どうぞ」「どうか」と置き換えてもよいでしょう。

注意を求める

ご留意ください。

| To: | 同僚 | 先輩 | 上司 | 取引先 | お客様 |

例 今回はこちらで対応させていただきましたので、
次回よりご留意ください。

例 小さいことですが、ご留意のほどよろしくお願いいたします。

「留意」は「心に留めおく」「気にかけておく」という意味です。「覚えておいてください ね」と継続的に忘れないようにしてもらいたい場合に使います。

ご配慮ください。

| To: | 同僚 | 先輩 | 上司 | 取引先 | お客様 |

例 今後はどうかご配慮ください。

例 何卒、ご配慮をお願いいたします。

「気をつけてください」を「配慮」という言葉に置き換えたフレーズもビジネスメー ルでは使われます。

再発防止に努めていただけましたら、
幸甚(こうじん)に存じます。

| To: | 同僚 | 先輩 | 上司 | 取引先 | お客様 |

例 この件に関しましては再発防止に努めていただけましたら、
幸甚に存じます。

低姿勢で相手を立てながら、注意を求めるフレーズです。「幸甚」とは、「何より の幸せ」という意味で、「幸い」を使うよりもかしこまった印象を与える言葉です。

POINT

相手のミスに対して抗議をしたり、再発防止を求めるビジネスメールの 鉄則は、決して喧嘩腰にならないことです。あくまでも丁寧な言葉を使っ てプレッシャーをかけるようにしましょう。

拒絶を伝える

今後のお付き合いを
考え直させていただく可能性もございます。

| To: | 同僚 | 先輩 | 上司 | 取引先 | お客様 |

例 適切な改善策を講じていただけないようであれば、
今後のお付き合いを考え直させていただく可能性もございます。

例 このようなミスを繰り返されますと、
今後お取引ができなくなってしまう可能性がございます。

現状では協力関係の継続が難しいことを伝え、改善や対応を要求するフレーズ
です。「もう無理です」と突然拒絶するのではなく、相応の改善や対応がされれ
ば関係を続けたいという立場で表現します。

しかるべき措置をとらせていただきます。

| To: | 同僚 | 先輩 | 上司 | 取引先 | お客様 |

例 このまま対応していただけないのであれば、
しかるべき措置をとらせていただきます。

例 何らかの措置をとらざるをえない状況だと考えております。

「しかるべき」とは「そうあるべき」「適切な」「正しい」という意味です。相手に抗
議を続け対応や改善を求めたが問題が解決しない場合に、法的な手段を含めて
対策を講じることを伝えます。既に信頼関係が崩れている状態でのみ使います。

POINT

抗議が必要なときは、明確な意志を持って、具体的な問題点や必要な
改善点などを説明します。それでも相手に誠意が見られない場合には、
上の2フレーズのような、拒絶を暗に示す表現で最後通告とします。

称賛のメール

取引先の対応力を称賛する

| **To:** | 同僚 | 先輩 | 上司 | 取引先 | お客様 |

株式会社令和物産
田中一郎様

いつも大変お世話になっております。
虹色商事の伊藤晶です。

新商品「艶めくマスカラ」の発売にあたっては
生産ラインの見直しなどで多大なご尽力をいただき、
まことにありがとうございました。

厳しいスケジュールの中で
ご無理をお願いすることも多々ございましたが、
いつも迅速にご対応いただき
さらに余裕を持ってご納品いただくなど、
貴社の技術力と対応力に感激いたしました。

おかげさまで予定どおり全国一斉発売となり、
売れ行きも好調で販売店様やお客様からも
高い評価をいただいております。

重ね重ねお礼申し上げます。
今後ともご協力のほどよろしくお願いいたします。

――――――――――――――――――――――――――――――
株式会社虹色商事 営業部 営業2課　　伊藤 晶（ITO Sho）

書き出し

結び

お礼 感謝

依頼 提案

相談 質問

了承 回答

断り

案内 報告

催促

謝罪

決意 反省

抗議

称賛

お祝い お見舞い

申請

取引先の尽力によって仕事がスムーズに進んだ場合は、お礼とともに相手を称賛する言葉も伝えましょう。それが相手にとって励みとなり、協力関係がより強固になることでしょう。

POINT

まず相手の仕事に対してお礼の言葉を書きます。

POINT

仕事の進行中にどのように助けられたかを振り返り、称賛の言葉を述べます。

言い換え

○ 感銘を受けました。
○（〜は）模範とするところทございます。

POINT

手がけた商品の評判については相手も知りたいはずです。社内外の評判を報告しましょう。

COLUMN **上司への称賛はアリ？**

上司の的確な指示によって仕事がスムーズに進み、大きな成果を得た場合は、取引先と同様に上司にも「感動いたしました」などの称賛の言葉を伝えるとよいでしょう。尊敬の念が伝われば、不快に思われることもありません。

183

感激いたしました。

To:	同僚	先輩	上司	取引先	お客様

例 このたびの迅速なご対応に感激いたしました。

例 貴社スタッフの販売力には、感激いたしました。

相手の言動に心打たれたときに、その気持ちを伝えるために使われるフレーズです。目上の人や社外の人にも使えます。似た言葉に「感心しました」がありますが、こちらは目上から目下の者に向けたニュアンスを含む言葉なので注意しましょう。

さすがです。

To:	同僚	先輩	上司	取引先	お客様

例 貴社が開発された新技術には大変驚かされ、
さすがだと感じました。

「さすが」とは「評判どおりですね」という気持ちを表す言葉ですが、軽いノリで「さすが部長ですね」などと目上の人へのメールで使うと不快に思われることがあります。「こういう点が素晴らしくて、さすがだと感じました」と理由なども添えて丁寧に使うようにしましょう。

素晴らしいです。

To:	同僚	先輩	上司	取引先	お客様

例 今日の吉田さんのプレゼンは素晴らしかったです。

例 井上さんの企画した研修プログラムは、
工夫があって素晴らしいですね。

「無条件に褒め称えられるほどすぐれていること」をひと言で表現するのが「素晴らしい」という言葉です。目上の人や社外の人への褒め言葉としてメールで使うと、「上から目線だ」と不快に感じる人もいます。同僚や親しい先輩宛のメールで使うに留めておいたほうが無難です。

書き出し

結び

感謝 お礼

提案 依頼

質問 相談

回答 了承

断り

報告 案内

催促

謝罪

反省 決意

抗議

称賛

お祝い お見舞い

申請

感じ入っております。

| To: | 同僚 | 先輩 | 上司 | 取引先 | お客様 |

例 徹底した品質管理体制を敷いておられると、感じ入っております。

例 多様な人材を活用するダイバーシティ経営が
貴社の方針だと伺い、深く感じ入っております。

「強く心を動かされること」を「感じ入る」といいます。自分がどれだけ心を動かされたかを目上の人や社外の人へ伝えたいときに使われます。

感銘を受けました。

| To: | 同僚 | 先輩 | 上司 | 取引先 | お客様 |

例 プロジェクトを成功させた
貴社のマネジメント力に感銘を受けました。

例 山田さんの仕事への姿勢に感銘を受け、
私もまずは生活習慣から変えることにしました。

「感銘」とは「忘れられないほど心に残ること、感激すること」です。自分がどれだけ感激したかを目上の人や社外の人へ伝えたいときに使われます。

POINT

「さすが部長！」「貴社は素晴らしいです」といった称賛のフレーズは会話の中ではよく使われることでしょう。しかし、メールで文字にすると、人物や会社をひと言の言葉で評価しているようで「上から目線だ」と感じる人もいます。一方、自分が何に心を動かされ、それにより自分がどう変化したかを伝えるようにすると、相手の心に届きやすくなります。また、本人に直接称賛を伝えるとき以外にも、「○○の新製品はとてもよい物ですね」「○○さんは立派な方でした」と間接的に伝える際にも使えます。

尊敬を伝える

尊敬しております。

To: 同僚 先輩 上司 取引先 お客様

例 上杉社長のことは、

業界をリードする先進的な経営者として尊敬しております。

例 田中様の精進の賜物と尊敬しております。

目上の人や社外の人の人格や言動、功績などに共感し、「敬意を抱いています」という気持ちを伝えたいときに使われるフレーズです。

敬服しております。

To: 同僚 先輩 上司 取引先 お客様

例 このたびの前例のないご決断に敬服しております。

例 私のような未熟な者を信用してくださった

田中様の度量の大きさに敬服しております。

目上の人や社外の人の人格や言動、功績などに共感し、「敬意を抱いています」「ついていきたいです」という気持ちを伝えたいときに使われるフレーズです。

頭が下がる思いです。

To: 同僚 先輩 上司 取引先 お客様

例 先輩の行動力には頭が下がる思いです。

目上の人や社外の人の人格や言動、功績などに共感し、「尊敬せずにはいられません」という気持ちを伝えたいときに使われるフレーズです。

POINT

似た表現で「頭が上がらない」がありますが、これは「申し訳なさや負い目があり、頭を上げることができない」という意味です。

目標を伝える

お手本にさせていただきます。

例 課長の提案書の書き方をお手本にさせていただきます。

目上の人や社外の人の仕事ぶりや振る舞いなどに感激し、称賛の気持ちを伝えたいときに使われるフレーズです。

POINT

「参考に」とすると「そのまま受け入れるのではなく、判断材料とする」と捉えられ不快に思われることもあります。

大変勉強になりました。

例 先輩と一緒にお得意様回りをさせていただき、

大変勉強になりました。

目上の人や社外の人の仕事ぶりや振る舞いなどに感激し、自分の糧となったことを伝えるときに使うフレーズです。

模範とするところでございます。

例 田中様の仕事の速さと正確さは、

私の模範とするところでございます。

例 イノベーションを追求し続ける貴社の姿勢は、

私どもにとっても模範とするところでございます。

相手の仕事への熱意や経営理念などに共感し、自分も見習いたいという気持ちを伝えたいときに使われるフレーズです。フォーマルな言葉なので、改まって感謝や謝罪を述べる際に使うのに留め、頻用は避けましょう。

好評を伝える

ご好評をいただいております。

To: 同僚 先輩 上司 取引先 お客様

例 貴社の新製品の販売が始まりましたが、
お客様からご好評をいただいております。

例 新サービスを導入したお客様に伺ったところ、
かなりのご好評をいただいております。

例 新しいデザインを令和物産様にお見せしたところ、
大好評をいただきました。

相手を直接、褒め称えるだけでなく、第三者（お客様など）の評価を伝えることで、
間接的に相手を褒める方法もあります。それが、このフレーズです。接頭語「ご」
を付けて「ご好評」とすることで丁寧な物言いになります。

おかげさまで大好評でした。

To: 同僚 先輩 上司 取引先 お客様

例 春のキャンペーンは、おかげさまで大好評でした。

例 予想以上の来場者があり、展示会は大好評を博しました。

その仕事に関わった社内外の関係者に、第三者から高評価を受けたことを伝え
たいときに使われるフレーズです。間接的に相手への称賛を表すとともに感謝の
意を伝えることができます。

○○も感心していました。

To: 同僚 先輩 上司 取引先 お客様

例 今回の企画書の出来栄えには、弊社の吉田も感心していました。

例 田中様の的確なご対応には、
スタッフ一同感心させられるばかりでした。

相手を褒めていた人物を具体的に示して、高く評価されたことを伝えるフレーズ
です。間接的に相手への称賛を表現します。

お褒めの言葉をいただきました。

To:	同僚	先輩	上司	取引先	お客様

例 プレゼン終了後に、
令和物産の部長からお褒めの言葉をいただきました。

例 イベントは連日盛況で、
多くの入場者様からお褒めの言葉を頂戴しております。

その仕事に関わった社内外の関係者に、第三者から高評価を受けたことを伝えたいときに使われるフレーズです。間接的に相手への称賛を表すことができます。

社内でも評判です。

To:	同僚	先輩	上司	取引先	お客様

例 明るく開放的なオフィスに生まれ変わり、社内でも評判です。

例 顧客からの問い合わせが多く反応もよいと、社内でも評判です。

その仕事に関わった社外の人に対して、社内で高評価を受けていることを伝えたいときに使われるフレーズです。「課内でも」「家族にも」と状況によって使い分けます。

みなさん驚いていらっしゃいました。

To:	同僚	先輩	上司	取引先	お客様

例 見本市で貴社の新製品を展示したところ、
その斬新なデザインにみなさん驚いていらっしゃいました。

例 モニター体験会では、
新機能の着眼点にみなさん驚いていらっしゃいました。

その仕事に関わった社内外の関係者に、第三者を驚かすほど好評だったことを伝えたいときに使われるフレーズです。間接的に相手への称賛を表すことができます。

入院する取引先担当者を案じる

To: | 同僚 | 先輩 | 上司 | 取引先 | お客様

株式会社令和物産
田中一郎様

いつも大変お世話になっております。
虹色商事の伊藤晶です。

ご連絡をありがとうございます。
入院されると伺い、大変驚いております。
心よりお見舞い申し上げます。

仕事のことはお気になさらず、お体第一でお過ごしください。
十分なご養生ののち、
元気なお姿を拝見できるのを楽しみにしております。

このメールにお返事は不要ですので、
お気遣いをなさいませんようお願いいたします。
とり急ぎ、お見舞い申し上げます。

——————————————————————————
株式会社虹色商事 営業部 営業2課　　伊藤 晶（ITO Sho）
〒 ***-****　東京都千代田区 ****************
TEL：03-****-****　/　FAX：03-****-****
Mail：s-ito@*******.com
WEB：https://www.******.com
——————————————————————————

入院などの体調に関する緊急事態を知らされたときは、仕事のことは持ち出さず、体調を案じる気持ちだけを伝えましょう。仕事のことは、相手の上司や同僚に相談します。

POINT

まず、予期せぬ知らせに驚いていることを伝えましょう。

POINT

相手の体調を気遣う言葉を述べるとともに、少しでも励みになるように回復を願う気持ちも伝えましょう。

言い換え

○ くれぐれもお大事になさってください。
○ どうかお大事になさってください。

POINT

大変な状況になっている相手への気遣いとして、「返事は不要です」と明記すると感じがよいです。

COLUMN **一斉メールにも返信はしていい?**

入院や休職など、連絡に時間がかけられない場合に一斉送信で連絡メールが届くこともあります。「全員に返信」ではなく、お見舞いの対象である本人だけに返信しましょう。

お祝いを伝える

おめでとうございます。

To:	同僚	先輩	上司	取引先	お客様

例 ご退院、おめでとうございます。

例 ご栄転とのこと、まことにおめでとうございます。

シンプルなフレーズで、栄転、昇進、受賞、退院、出産など、あらゆるお祝い事に使えるフレーズです。誰に対しても使えます。「おめでとうございます」だけではシンプル過ぎると感じるときは「まことに」を付けるとよいでしょう。

POINT

お祝いのメールは、知らせを受けたらすぐに送ります。他の用件とは一緒にせず、丁寧に書くようにしましょう。また、よくないことを連想させる表現（忌み言葉）は使わないように気をつけます。

謹んでお慶び申し上げます。

To:	同僚	先輩	上司	取引先	お客様

例 営業部長へのご昇進、まことにおめでとうございます。
謹んでお慶び申し上げます。

例 このたび貴社におかれましては、
創立百周年を迎えられたとの由、謹んでお喜び申し上げます。

例 新工場が完成されましたとのこと、心からお慶び申し上げます。

「おめでとうございます」のフォーマルな言い方です。目上の人や社外の人に対するお祝いの言葉として適しています。「謹んで」は「うやうやしく」「丁寧に礼儀正しく」という意味です。

POINT

「慶び」は慶事（結婚、出産、栄転、新社屋の竣工など）をお祝いするときに限定して使うのに対し、「喜び」はよい事象を嬉しく思う気持ちを表す一般的な表現です。迷ったときには「喜び」を使ってかまいません。

書き出し
結び
お礼 感謝
依頼 提案
相談 質問
了承 回答
断り
案内 報告
催促
謝罪
決意 反省
抗議
称賛
お祝い お見舞い
申請

心よりお祝い申し上げます。

To: 同僚 **先輩** **上司** **取引先** **お客様**

例 年間売り上げ第1位とのこと、心よりお祝い申し上げます。

例 この度の新支店の発足、心よりお祝い申し上げます。
今後一層の発展を期待しております。

「おめでとうございます」のフォーマルな言い方です。目上の人や社外の人に対するお祝いの言葉として適しています。

POINT

お祝いの言葉を述べた後、「よりよい状態になること」を祈るフレーズとして「ますますの〜をお祈り申し上げます」「今後一層の〜を期待しております」などを添えるとメールが締まります。

自分のことのようにうれしく思っております。

To: **同僚** **先輩** **上司** 取引先 お客様

例 ご長女を出産されたとのこと、おめでとうございます。
自分のことのようにうれしく思っております。

比較的カジュアルな表現です。個人的な出来事への祝福や気心の知れた人への祝福の際に、あまりかしこまった表現にしたくないときに使います。礼を尽くしたい相手には、「心よりお祝い申し上げます」などと言い換えたほうがよいでしょう。

皆さまもさぞお喜びのことと存じます。

To: **同僚** **先輩** **上司** **取引先** **お客様**

例 新オフィスの完成、おめでとうございます。
皆さまもさぞお喜びのことと存じます。

「おめでとうございます」のあとにこのフレーズを加えることで、メールの相手だけでなく周囲の人たちへも祝意を表すことができます。

お見舞いを伝える

驚いております。

| To: | 同僚 | 先輩 | 上司 | 取引先 | お客様 |

例 思わぬ事故に巻き込まれたと伺い、大変驚いております。

例 報道で貴地を襲った地震の被害を知り、大変驚いております。

例 突然の訃報に接し、ただただ驚いております。

予期せぬ事故や災害などに驚き、とり急ぎお見舞いのメールをするときは、挨拶は不要です。代わりに、冒頭から「大変驚いております」と書き出すのが、緊急時のメールとして適しています。

突然のことに言葉もありません。

| To: | 同僚 | 先輩 | 上司 | 取引先 | お客様 |

例 突然のことに言葉もありません。
　お知らせいただき、まことにありがとうございます。

例 佐藤様の訃報に接し、あまりに突然のことに言葉もありません。
　まだ信じられません。

訃報など、言葉を失うような重大な事柄に接したときに使われるフレーズです。知らせてくれたことへの感謝の言葉などへつなげると、収まりがよくなります。

大変心配しております。

| To: | 同僚 | 先輩 | 上司 | 取引先 | お客様 |

例 報道で被害の状況を知り、大変心配しております。

例 大きな事故だったと聞き、大変心配しております。

事故や災難に遭遇した相手の様子がはっきりとわからず、心配している気持ちを伝えます。無理に様子を探ったり返信を求めたりせずに相手のタイミングで返信が来るのを待ちます。

POINT

お見舞い・お悔みのメールは相手の心情を察し、返信が不要な旨を書き入れていれば、あとは定型文でかまいません。

書き出し

結び

お礼 感謝

依頼 提案

相談 質問

了承 回答

断り

案内 報告

催促

謝罪

決意 反省

抗議

称賛

お祝い お見舞い

申請

思いもかけぬご災難、お見舞い申し上げます。

To: 同僚 **先輩** **上司** **取引先** **お客様**

例 通勤途中の思いもかけぬご災難、お見舞い申し上げます。

例 ニュースで近隣火災の件を知りました。

思いもかけぬご災難、お見舞い申し上げます。

事故や災害など、災難に遭った相手を気遣って励ますためのフレーズです。大変な状況になっている相手には、このようなシンプルな敬語表現のお見舞いの言葉を伝えるようにします。

さぞやご心痛のこととお察しします。

To: 同僚 **先輩** **上司** **取引先** **お客様**

例 被害に遭われたと伺いました。

さぞやご心痛のこととお察しします。

災難に遭遇し、気落ちしていると思われる相手を気遣うフレーズです。

お疲れもさぞかしのことと拝察します。

To: 同僚 **先輩** **上司** **取引先** **お客様**

例 皆さまにおかれましては、

お疲れもさぞかしのことと拝察します。

例 被害が甚大で復旧作業も長引いているようで、

お疲れもさぞかしのことと拝察します。

災難に遭遇し、事後処理などで忙殺されていると思われる相手を気遣うときに使われるフレーズです。「拝察」は「察する」という言葉の謙譲表現で、フォーマルな場面で使われます。

体調を気遣う

お加減はいかがですか。

| To: | 同僚 | 先輩 | 上司 | 取引先 | お客様 |

例 入院されたと伺いました。お加減はいかがですか。

例 手術は無事成功されたとのことですが、
その後お加減はいかがでしょうか。

「体調はどうですか」の丁寧な表現が「お加減はいかがですか」です。体調を崩した相手にメールする際に使われるフレーズです。

POINT

お見舞い・お悔みのメールでは、相手の様子を無理に探るような質問は控えるのがマナーです。

心よりお見舞い申し上げます。

| To: | 同僚 | 先輩 | 上司 | 取引先 | お客様 |

例 手術のため入院されると承り、心よりお見舞い申し上げます。

相手を慰め、元気づけることが「お見舞い」です。その気持ちを敬語表現で表したものが「心よりお見舞い申し上げます」というフレーズです。

お大事になさってください。

| To: | 同僚 | 先輩 | 上司 | 取引先 | お客様 |

例 術後の経過は良好と伺い安心いたしましたが、
くれぐれもお大事になさってください。

例 朝晩めっきり寒くなってきましたので、
どうかお大事になさってください。

相手の体をいたわる気持ちを表すときに「お大事にしてください」と言いますが、その言葉を丁寧な敬語表現にしたものが「お大事になさってください」です。「くれぐれも」「どうか」などを頭に付けて強調することもできます。

一日も早いご回復をお祈りいたします。

To: ~~同僚~~ **先輩** ~~上司~~ ~~取引先~~ ~~お客様~~

例 どうぞ療養に専念されて、一日も早いご回復をお祈りいたします。

「早くよくなってくださいね」という気持ちを伝え、相手を励ますフレーズです。焦らせたりしてはいけないので、「どうぞ療養に専念されて」などのひと言を加えるとよいでしょう。

元気なお顔を拝見できますよう、
お祈り申し上げます。

To: ~~同僚~~ **先輩** **上司** **取引先** **お客様**

例 順調にご回復なさり、

元気なお顔を拝見できますよう、お祈り申し上げます。

「元気になって戻ってきてくださいね」という気持ちを伝え、相手を励ますフレーズです。「元気なお顔をお見せくださいますよう」と書くこともできます。

元気なお姿を拝見できるのを
楽しみにしております。

To: ~~同僚~~ **先輩** **上司** **取引先** **お客様**

例 十分な療養ののち、

元気なお姿を拝見できるのを楽しみにしております。

「元気になって戻ってきてくださいね」という気持ちを伝え、相手を励ますフレーズです。焦らせたりしてはいけないので、「十分な療養ののち」などのひと言を加えるとよいでしょう。

POINT

伝え聞いたことの内容を記すときには「〜と伺い」「〜とのこと」と書きますが、ほかに「の由」「〜と承り」という言葉もあります。「ご退院の由」「ご療養中と承り」というように使います。

申請のメール

出張を申請するメール

| To: | 同僚 | 先輩 | 上司 | 取引先 | お客様 |

吉田課長

おはようございます。
伊藤です。

以下のとおり出張を申請いたします。
決裁のほど、お願いいたします。

=====================================
1. 出張日：6月10日〜6月12日
2. 出張場所：○○県○○市とその周辺地区
3. 同行者：○○部　○○○○
4. 出張目的：新商品の県内有力店への販売促進、ヒアリング
5. 費用：約100,000円
=====================================

よろしくお願いいたします。

――――――――――――――――――――――――――――――――
株式会社虹色商事 営業部 営業2課　　伊藤 晶（ITO Sho）
〒 ***-****　東京都千代田区 ****************
TEL：03-****-****　/　FAX：03-****-****
Mail：s-ito@*******.com
WEB：https://www.******.com
――――――――――――――――――――――――――――――――

出張や物品購入、早退や休暇の願い出、遅刻の届け出など、社内で申請が必要な事柄はたくさんあります。メールで申請するときは、必要事項がパッと見てすぐわかるように考慮しましょう。

書き出し

結び

お礼 感謝

依頼 提案

相談 質問

了承 回答

断り

案内 報告

催促

謝罪

決意 反省

抗議

称賛

お祝い お見舞い

申請

POINT

まず、相手に何を求めているのかを明確に書きます。

言い換え

○ ご検討のほど、お願いいたします。
○ ご許可いただけますようお願いいたします。

POINT

出張の内容がひと目でわかるように、日時や場所、同行者、目的、費用などの必要事項を箇条書きにしましょう。

POINT

最後に改めて「よろしくお願いいたします」と書いて、メールを引き締めます。

COLUMN 申請のフォーマットやルールを確認する

企業によっては各種申請の社内フォーマットやルールが定められている場合があります。事前にその有無を確認し、規定に沿った内容でメールを送るようにしましょう。

199

申請する

申請いたします。

| To: | 同僚 | 先輩 | **上司** | 取引先 | お客様 |

例 以下のとおり出張を申請いたします。
決裁のほどお願いいたします。

例 以下の理由で物品購入を申請いたします。

出張や物品購入、休暇、早退、直行などを上司に願い出るときに使われるフレーズです。詳しいことは箇条書きで明記するので、「以下のとおり〜を申請いたします」とするのが通例です。

申請申し上げます。

| To: | 同僚 | 先輩 | **上司** | **取引先** | お客様 |

例 下記の社外勉強会に参加いたしたく、申請申し上げます。

例 設計を担当させていただいた貴社オフィスの写真を
弊社サイトの実績事例のページに掲載させていただきたく、
申請申し上げます。

上司や取引先などに可否を確かめたいときに使います。

届け出をいたします。

| To: | 同僚 | 先輩 | **上司** | 取引先 | お客様 |

例 下記のとおり有給休暇をとらせていただきたく、
届け出をいたします。

例 下記のとおり現場へ直行したいと存じますので、
届け出をいたします。

上の「申請いたします」と同様に使われるフレーズです。

POINT

ビジネス文書で「下記のとおり」は、示したい内容を「記」と「以上」ではさんで使いますが、メールでは特にその必要はありません。「以下のとおり」と同様に内容を自由につなげます。

書き出し

結び

お礼 感謝

依頼 提案

相談 質問

了承 回答

断り

案内 報告

催促

謝罪

決意 反省

抗議

称賛

お祝い お見舞い

申請

申請書をお送りします。

| To: | 同僚 | 先輩 | **上司** | 取引先 | お客様 |

例 下記のとおり早退しましたので、申請書をお送りします。

例 テレワークのためパソコンの社外持ち出しをいたしたく、
申請書をお送りします。

書面で申請するときに使われるフレーズです。

POINT

申請書のフォーマットがファイルで用意されている場合に、メールに添付して申請を行うことも多くあります。添付するファイルが正しいものかどうか、しっかり確認してから送信しましょう。

～を希望いたします。

| To: | 同僚 | 先輩 | **上司** | 取引先 | お客様 |

例 マーケティングWEBセミナーへの参加を希望いたします。

例 下記のとおり、令和物産からの急ぎの案件があるため、
休日出勤を希望いたします。

上司に許可をとったうえで事を進めたい場合に使われるフレーズです。

ご承認をお願いいたします。

| To: | 同僚 | 先輩 | **上司** | **取引先** | **お客様** |

例 添付書類のとおり、忌引き休暇を取得したく存じます。
ご承認をお願いいたします。

例 下記のとおり、備品の購入を希望いたします。
ご承認いただけませんでしょうか。

申請をすることを伝えるフレーズに添えて、承認を求めることを伝えます。

201

申請する

ご許可いただけますようお願いいたします。

To:	同僚	先輩	上司	取引先	お客様

例 社外スタッフとの交流会を計画しております。
ご許可いただけますようお願いいたします。

例 弊社ホームページの取引先一覧に
貴社の会社名を掲載させていただきたく存じます。
ご許可いただけますようお願い申し上げます。

「許可してください」をより丁寧にした表現が「ご許可いただけますようお願いいた
します」です。目上の人や社外の人にお願いする場合に使われるフレーズです。

よろしくお願いいたします。

To:	同僚	先輩	上司	取引先	お客様

例 下記のとおり第一会議室の使用を申請しますので、
よろしくお願いいたします。

例 下記の件、決裁のほどよろしくお願いいたします。

例 ご多忙中のところを恐縮ですが、
ご検討のほどよろしくお願いいたします。

お願いごとやお知らせをするときに、幅広く誰に対しても使えるフレーズです。同
僚や親しい先輩であれば「よろしくお願いします」でもかまいませんが、目上の人
や社外の人に対しては丁寧な敬語表現である「よろしくお願いいたします」を使い
ます。また、「〜のほど」を入れると、やわらかい物言いになります。目上の人や
社外の人にお願いをするときは、「決裁をよろしくお願いします」などと言い切らず、
「決裁のほど〜」としたほうがよいでしょう。

POINT

業務上の申請は、社内で規定されているフォーマットを使う場合もあり
ますが、そういうものを使わずに直接上司にメールで申請する場合は、
目的、場所、期間など必要事項を漏れなく書くようにします。上司が判
断しやすくなります。

3 章

仕事効率化
テクニック

ビジネスメールの基本に慣れたら、メールを仕事の「武器」
に変えていきましょう。この章で紹介するテクニックを身に
つけてメール対応にかかる時間を短縮すれば、ほかの業
務に集中する時間をつくれます。また、よいメールを書い
て相手からの信頼を高めていくと、仕事全体のグレード
アップにつながります。

仕事で苦しまないために
メール対応を効率化する

メール対応は1日平均149分

　現在、ほとんどの人が仕事でメールを使っています。リアルタイムのコミュニケーション方法（対面、電話など）とともに、仕事を推し進めるツールとして大きな役割を果たしているのです。

　その結果、さまざまな仕事を抱える人が扱うメールは大量になり、「受信したメールを読む」「メールを書いて送る」ことに膨大な時間を費やしています。「ビジネスメール実態調査2020」によると、仕事でメールを使っている人が、メールを1通読むのにかかる時間は平均1分19秒、書くのにかかる時間は平均5分54秒となっています。

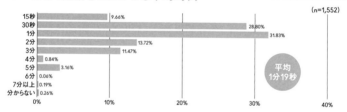

－ メールを1通読むのにかかる平均時間 －

(n=1,552)

時間	割合
15秒	9.66%
30秒	28.80%
1分	31.83%
2分	13.72%
3分	11.47%
4分	0.84%
5分	3.16%
6分	0.06%
7分以上	0.19%
分からない	0.26%

平均
1分19秒

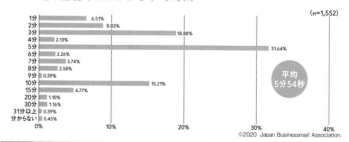

－ メールを1通書くのにかかる平均時間 －

(n=1,552)

時間	割合
1分	6.51%
2分	8.83%
3分	18.88%
4分	2.13%
5分	31.64%
6分	2.26%
7分	3.74%
8分	2.58%
9分	0.39%
10分	15.21%
15分	4.77%
20分	1.10%
30分	1.16%
31分以上	0.39%
分からない	0.45%

平均
5分54秒

　また、同じ調査では、1日に受信するメールは平均で50.12通、送信するメールは平均14.06通でした。つまり、毎日およそ66分（1分19秒×50.12通）メールを読んで、毎日83分（5分54秒×14.06通）メールを書いていることになります。合計すると66分＋83分で149分となり、**毎日2時間29分もメール対応に費やしている**計算になります。

仕事はメール対応だけではない

　メール対応を主な業務内容としている人以外は、ほかに進めるべき業務があり、その合間でメール対応をしているケースがほとんどでしょう。そのため、メールを「素早く読む」「素早く書く」ためのコツを身につけ、メール対応の時間を少しでも短くして、ほかの業務に割ける時間を増やしていくことが望まれています。

信頼感を高めるメールで次につなげる

　また、「時間短縮」というわかりやすい効率だけを求めるのではなく、メールが相手から信頼を得るためのツールになることにも注目しましょう。メールのやり取りを繰り返す中で相手との関係性がよいものになれば、仕事を円滑にしたり次の仕事につながったりとプラスに働きます。

　この3章では**「時間短縮」と「信頼アップ」の観点から、メール**処理のみならず仕事全体の効率化を図るコツを紹介します。

メールでイラッとするのは
どんなとき？

メールで「不快感」を与えない

　メール対応で信頼を築くことで、仕事を円滑に進めることができますが、反対に**不快感を与えるメールで相手を怒らせてしまうと、そのメール1通で仕事がなくなってしまう可能性もあります。**

　では、相手はどんなメールを不快に感じるのでしょうか。以下は受け取ったメールで「不快に感じた内容」の調査結果（ビジネスメール実態調査2020）です。

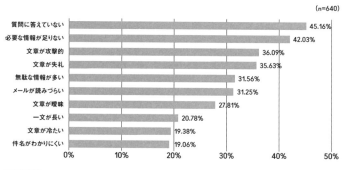

― 不快に感じた内容（複数回答可）―

(n=640)

内容	割合
質問に答えていない	45.16%
必要な情報が足りない	42.03%
文章が攻撃的	36.09%
文章が失礼	35.63%
無駄な情報が多い	31.56%
メールが読みづらい	31.25%
文章が曖昧	27.81%
一文が長い	20.78%
文章が冷たい	19.38%
件名がわかりにくい	19.06%

※上位10項目

©2020 Japan Businessmail Association.

　不快感のポイントと対策を3項目に分けて考えてみましょう。

①メールの内容・情報に過不足がある

　上位に並ぶ「質問に答えていない」「必要な情報が足りない」に加え、「無駄な情報が多い」は、内容や情報についての不満です。求めた情報が不足しても、多すぎても相手に不快感を与えてしまう

ことがわかります。**相手が何を求めているかを読み取って対応することが必要**です。質問が複数ある場合などは部分引用（→P38〜39）を活用し、回答に漏れがないように工夫するとよいでしょう。また、答えづらい質問だからと意図的に回答を避けると、問題を引き起こします。

②お互いの関係性に見合っていない

3、4位の「文章が攻撃的」「文章が失礼」や、9位の「文章が冷たい」は、相手が期待する人間関係がメールに反映されていないことが不快の原因です。送信ボタンを押す前に、**「相手がどう捉えるか」「文章に敬意が表れているか」を確認しながら読みなおす**ようにします。また、相手が気さくに接してくれているなら、自分も少し楽にしてみましょう。

③文章が整理されていない

「メールが読みづらい」「文章が曖昧」「一文が長い」「件名がわかりにくい」からは、**整理されていない文章が多忙な相手の負担になっている**ことがわかります。1章の「レイアウトのコツ（→P26〜31）」や本章「相手にとって読みやすいメールを書く（→P216〜219）」を参考に、文章を整理して書くように心がけます。

知らないうちに信頼を失っているかも……

多くの人は、多少の不快感を覚えてもそれを相手に伝えません。また、不快に感じるポイントには個人差が。メールを書く際、チェックする際には、**敏感な相手を想定**し、多少神経質になっておくべきです。

メール対応のタイミングを考える

メールはすぐに返したほうがいい?

　メールで問い合わせをして、すぐ回答が戻ってくればうれしいですね。こちらからの返信が早過ぎることで相手が困ることもないでしょう。では、どのメールもできるだけ早く返信するべきなのでしょうか。

　もちろん、緊急を要するメールが届くことがわかっている場合やメールの対応が主業務になっているのであれば、新着メールの通知を気にして、メールが届くたびに対応したほうがよいでしょう。しかし、メール対応以外に進めるべき業務があるのなら、それは効率的な仕事の進め方ではありません。

　1日にメールは何通届くか考えてみてください。立場や職場によってもちろん差はありますが、「ビジネスメール実態調査2020」によると1日平均50.12通のメールを受信しているという結果が出ています。50通ともなると、数分おきに新着メールの通知が届いてもおかしくないですね。**メールを受信するたびに今している作業の手を止めるのは効率が悪い**です。

メール対応を朝昼夕の3回に限定する

　仕事の効率を上げるため、「まとめてメール対応しよう」ということになります。では、1日に何回くらいメール対応をすればよいのでしょうか。「ビジネスメール実態調査2020」では、「返信が遅いと感じるのはメールを送ってからどの程度経過したときか」についても調査しています。

－ 送信後いつまでに返信がこないと遅いと感じるか（急ぐ場合を除く）－

(n=1,552)

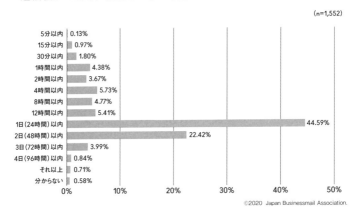

5分以内	0.13%
15分以内	0.97%
30分以内	1.80%
1時間以内	4.38%
2時間以内	3.67%
4時間以内	5.73%
8時間以内	4.77%
12時間以内	5.41%
1日（24時間）以内	44.59%
2日（48時間）以内	22.42%
3日（72時間）以内	3.99%
4日（96時間）以内	0.84%
それ以上	0.71%
分からない	0.58%

©2020 Japan Businessmail Association.

　およそ４人のうち３人が、24時間を越えたら遅いと感じるという結果から、基本的に**メール対応は朝（始業時）、昼（休憩前後）、夕（退社前）の１日３回で十分**だと考えられます。

　ただし、４時間以内に返信をしないと遅いと感じる人が約17％います。そういう方は、こちらから送ったメールにもすばやく返信するスタイルだと想像できます。慣れない相手には、まず相手の返信のタイミングに注目して、スタイルを合わせる必要があるかもしれません。

メールはその場で対応しきる

　メール対応が1日3回で十分だというのは、**毎回すべてのメール対応を完了させる**前提での話です。対応しきれないメールが残れば受信からの経過時間は長くなるため、相手の不快感につながる可能性も高まります。

　また、中断したり、達成できなかった事柄は記憶に残りやすい（ツァイガルニク効果）もので、対応できないメールが残っているとそれ以外のことに集中できなくなってしまいます。メール対応はその都度完了させて、それ以外の時間はその時やっていることに集中するのが理想的です。

メール対応に悩まない

　すべてのメールを処理するといっても、よく調べないと回答できない質問やクレーム処理など、その場で対応が完了しないものもあります。一方、読み飛ばしていいもの、時間をかけずに返信できるものなど、1通にかかる労力はさまざまです。

　その中で「未対応メールゼロ」とするために、自分の作業ルールをつくりましょう。ルールづくりのコツは「受信メールをすばやく処理する」（→P220 ～ 221）を参考にしてください。

通知機能はオフにする

　画面の隅に通知を表示するなどして、新着メールが届くたびに知らせてくれる「デスクトップ通知」。視界に入ればメールの内容が気になってしまうものです。しかし、メール対応を1日3回と決めてしまえばこれも必要ありません。OSやメールソフトの設定から、**通知機能をオフにする**のをおすすめします。

　そもそもメールはリアルタイムのコミュニケーションツールではあ

りません。早急な対応が必要な場合は、併せて電話で連絡が入ることがほとんどです。

相手の「ほしい」タイミングで送る

　こちらからのアプローチとして送るメールは、受け取る側の気持ちに立って考え、そのメールを**「ほしい」タイミングで送るようにしましょう**。相手にとって喜ばしい内容のメールであれば早いほうがいいですし、じっくり読んでほしいメールであれば、相手が対応に費やす時間の余裕を考慮して送るのがベストです。

謝罪はすぐに! お礼は次の朝までに

　送るタイミングに特別注意を払う必要があるのは「謝罪のメール」と「お礼のメール」です。

　ミスがあった場合は、気づいた時点ですぐに謝罪の連絡を入れましょう。メールでの謝罪で済むような軽い内容であればすぐにメールを送ります。電話したほうがよい場合には、まず電話をかけて、相手につながらなければその旨を添えてメールを送ります。

　また、食事に誘ってもらったときは遅くとも次の日の朝にはお礼のメールを送るなど、お礼のメールもタイミングを逸しないようにしましょう。

読みやすいメールを
すばやく書くコツ

1通あたり何分で書ける?

　ビジネスメールのルールに慣れるまでは、速く書くことにこだわる必要はありません。しかし、**徐々にスピードアップすれば業務全体が効率化されます。**

　「ビジネスメール実態調査2020」によると、メールを1通書くのにかかる時間は平均5分54秒。約7割の人が5分以内で書いているということでした。

　ときおり時間を測りながら自分の現状を知り、次に挙げていくコツを取り入れてスピードアップを心がけてみましょう。

頻出シチュエーションはパターン化する

　同じようなメールを頻繁に送るのであれば、**テンプレート化してテキストファイルで保存**しておきましょう。コピー・アンド・ペーストすることでメール作成の時間短縮になります。書き換える必要がある箇所は目立つ記号（例：●●●●）で入力しておくなど、ミスが出ないような工夫も大切です。

　また、社内ネットワークの共有フォルダにテンプレートを保存して、社内で共有してもよいでしょう。共有フォルダのテンプレートファイルは上書きできない設定で運用し、タイミングをみて利用者の意見を取り入れた改善を施していく方法がおすすめです。

　また、メール全体をテンプレート化しないものでも、メールの**「書き出し（宛名・挨拶・名乗り）」「要旨（冒頭に入れる）」「結び」はパターン化して頭に入れておく**と、頭を使って書くのは、内容の詳細だけになっていきます。

– パターン化する要旨フレーズの例 ―――――――――――

目的	要旨フレーズ
報告（連絡）	～について、ご報告（連絡）いたします。
感謝	～は、まことにありがとうございます。
確認	～についてご確認したく、メールを差し上げた次第です。
質問	～に関して、お聞きしたいことが〇点ございます。
郵送（配送）	～を郵送（配送）しましたので、ご連絡いたします。

固有名詞やフレーズを単語登録

　変換しにくい固有名詞だけでなく、頻繁に入力する自分の氏名や会社名は単語登録して簡単に入力できるようにします。たとえばWindows10のMicrosoft IME（入力支援ソフト）では60文字まで登録できるので、**フレーズを丸ごと辞書登録することもできます。**

　登録する「よみ」には記号も使えるので、頭に「@、＋、＊、！」などの記号を付けて登録すると、意図して呼び出すときにだけ候補として表示されるようになって便利です。

– 単語登録すると便利なフレーズの例 ―――――――――――

よみ	登録する単語
@いつも	いつも大変お世話になっております。
@なにとぞ	何卒、よろしくお願い申し上げます。
@かくにん	ご確認よろしくお願いいたします。
@いとう	虹色商事 営業部 営業2課の伊藤晶です。
@じかん	お問い合わせ窓口の営業時間は平日の9 〜 18時です。
@さいと	弊社WEBサイト（https://www…）をご参照ください。

コピー・アンド・ペーストや引用を活用する

　「部分引用」（→P38 〜 39参照）もメール作成の時間短縮に役立ちます。特に問い合わせや質問に回答するときには、相手の質問部分を引用すると、相手の質問を要約した文章をつくる手間が省けます。

　また、単語登録をしていない相手の会社名や部署名、氏名は署名からコピー・アンド・ペーストすると、入力文字数を減らしながら誤字・脱字を防ぐことができます。過去のメール以外でもWEBサイトや文書などから単語をコピー・アンド・ペーストすることもできます。

お互いにとって馴染みのある言葉で書く

　ビジネス特有のフレーズを使いこなせると、社会人としてレベルが上がったような気持ちになれますね。

　しかし、普段やり取りするメールでは、格好よさではなく**伝わりやすさを優先すべきです**。使い慣れない単語を1つ1つ調べながら書いていたのでは時間をかけ過ぎですし、いたずらに難しいフレーズは相手にとっつきにくい印象を与えてしまうかもしれません。まずは自分が会話の中で自然に使える、馴染みのある言葉だけで書くようにしましょう。難しいフレーズは自分に届くメールを読んでいくうちに身についていくため、「馴染みのある言葉で書く」というスタンスを続けていれば自然に扱えるようになります。

　無理をして使った言葉はどこか嘘くさく、わざとらしい印象を与えてしまうことも。逆に、自然な言葉で書かれた文章は相手か

らも「本心で書いている」と感じ取ってもらえます。

タイピングに慣れる

　基本的なことではありますが、タイピングによる入力速度が上がれば、メール作成にかかる時間は短縮できます。

　最近はスマホのフリック入力は速くても、パソコンのキーボードを使ったタイピングには不慣れで……という苦手意識を持っている人もいるかもしれませんね。しかし、会社のメールはほとんどの場合パソコンで管理・作成していて、タイピングからはなかなか逃れられません。

　タイピングは特別な工夫をしなくても、経験を積んでいれば徐々にスピードアップしていくものですが、意欲的にスピードアップを目指すのであれば、**まずは「ホームポジション」に慣れることをおすすめします。**

　キーボードの「F」と「J」には、よく見ると小さな突起が付いています。これは「人差し指を置くキーですよ」という印。それ以外のすべてのキーも、本来どの指でタイプすべきか決まっていて、そのルールに従うとスムーズに指が動くように考えられているのです。

　また、ホームポジションに慣れると、タッチタイピングができるようになります。タッチタイピングとは、キーボードを見ずに画面だけを見てタイピングすること。誤字脱字をチェックしながら入力できるので、スピードが断然速くなります。

　インターネット上には、ゲーム感覚でタイピングが練習できるサービスがたくさんあるので、お気に入りを見つけて時々遊んでみましょう。記録を付けて過去の自分と比べると、タイピングスピードが上がっていくことが実感できるかと思います。

相手にとって
読みやすいメールを書く

書き始める前に情報を整理する

　メールの全体像が見えないまま書き始めてしまうと、情報が整理されていなかったり、必要な情報が抜けたりして読みにくいメールになってしまいます。メールを書き始める前に、**「6W3H」に沿って盛り込むべき情報を確認**しましょう。仮に「企画を相談したい」という目的で書くメールの6W3Hをイメージしてみます。

```
┌ 新企画相談の6W3H ─────────────
  When（いつ）今月下旬

  Where（どこで）会議室

  Who（誰が）私

  Whom（誰に）田中部長

  What（何を）次期の企画案

  Why（なぜ）進行中の企画が終わるので

  How（どのように）対面の打ち合わせ

  How many（どのくらいの数で）※不要

  How much（いくらか）※不要
```

　メールには、「私は、進行中の企画が終わるので、今月下旬に、次期の案について、会議室で対面の打ち合わせにて、田中部長に相談したい」という情報が盛り込まれればよいとわかりました。

　すべての項目を埋める必要はなく、不要な項目（上記では「How many」「How much」）もあります。まず、**情報として「必要」「不要」を整理することが大切**です。

必要な情報だけを書く

　メールを書くときは、左ページの**準備でわかった「必要」な情報を漏れなく書く**ようにします。逆に、不要な情報は相手が読むとき邪魔になってしまうので盛り込まないこと。相手の「ほしい情報」だけを整えたメールが理想的です。

曖昧な表現は使わず、具体的に

　「相手のほしい情報」には、相手がこちらからの依頼や提案を引き受けるかどうか判断するための情報も含みます。その**情報が曖昧だと判断しづらく、ストレスの原因となります。**

　まず、数字や時間をぼかす表現は避けるようにします。

┌─「ぼかし」表現を避けて具体的に書く───────

カタログをもう少しいただけないでしょうか。
なるべく早く届くとうれしいです。

カタログを、あと 20 冊いただけないでしょうか。
2 月 15 日（月）の 17 時までに届くとうれしいです。

└────────────────────────────

　納期や金額に関しても、**はっきり提示したほうが相手は引き受けるかどうかを判断しやすく、**不快に思われることもないでしょう。もちろん常識外れの提示にならないよう、誠意を持って書く場合に限ります。

また、理解に食い違いが発生しないよう、**曖昧さを残さない表記を徹底する**のもポイントです。たとえば、日にちには曜日を併記、時間は24時間表記か午前午後を明記します。そのほか、同じ名字の人がいればフルネームで書く、条件や選択肢が複数あるときには箇条書きにするなどの工夫があると親切です。

相手が理解できる言葉を選ぶ

仕事に慣れてくると、業界用語を使ってしまいがちです。しかし、相手がその用語を知らなければ伝わらず、調べる手間をかけるかもしれません。また、同じ業界でも異なるニュアンスで使っているケースもよくあります。業界用語を使うのであれば、事前に認識のズレがないかの確認をするのがよいでしょう。同様に、略語やカタカナのビジネス用語も伝わりにくい言葉なので注意が必要。**「できるだけ多くの人が理解できる言葉」**で書いていくのが安全です。

1文50文字以内に収める

読点（、）が何度も入ってダラダラと続く文章は読みにくいものです。すばやくメールを読みたい相手にとってはこれもストレスに。1文50文字以内を目安に、**長い文章は2つに分ける**とスッキリします。

一文一義で文章をつくる

1文の構造が複雑になっても読みにくくなります。助詞などが正しく使えているかなど、文章の確認にも時間がかかりますね。**1文は1つの内容で文章をつくる**クセをつけましょう。

┌─ 1文50文字以内、一文一義に直した文章の例 ─

貴協会主催のコンペにお誘いいただいたことは大変光栄で

逃したくないチャンスだと思っておりますが、

現在進行中のプロジェクトで人員を追加投入する必要があるため

参加が難しい状況でございます。

貴協会主催のコンペにお誘いいただいたこと、

大変光栄で逃したくないチャンスだと思っております。

しかし、現在進行中のプロジェクトで人員を追加投入する必要があり

参加が難しい状況でございます。

漢字は全体の3割が目安

　文章に漢字が多いと読みづらくなります。逆にひらがなが多すぎても読みにくいですね。**理想的なバランスは漢字が30％、ひらがなとカタカナが70％**といわれています。

　漢字が多くなると、文章は「かたい、真面目な」イメージに、ひらがなが多くなると「やわらかい、柔和な」イメージに寄るので、「漢字30％」を目安に漢字の割合を調節し、メールの印象を操作することもできます。

受信メールを
すばやく処理する

メール処理のマイルールをつくる

1日3回のメール処理には、**頭を悩ませる作業を減らして効率化を図るためのルールをつくる**べきです。おすすめのルールを以下に紹介します。

メールはその場でサッと返信できるものから、すぐには回答できないものまで、対応に必要な労力に大小がありますね。その大小を区切るライン（たとえば、10分以内に返信できるか）をあらかじめ決めておきます。受信メールに向き合ったら、古いものから開封して、労力がラインより小さいものはその場で処理、労力が大きいものは印（フラグ）を付ける。これでメール処理は完了です。印を付けたメールはその場で処理できないので、メール以外の通常業務の一環として扱います。

こうすると、頭を悩ませることなくメール処理が終わります。

フォルダ分けに時間を浪費しない

受信メールを管理するのに、メールのフォルダ分け機能（振り分け機能）が必要だと思っていませんか？

やり取りの相手を会社ごとに分類したり、フォルダの順番を変更して見やすくすると、未開封メールがたくさん残っていても、対応したい相手や案件ごとに

メールをまとめて探し出し、一覧表示できるのが便利です。

　しかし、メール対応をするたびにすべてのメールを処理しているのであれば、メール対応をしようと思った時点で**「未開封メール＝今から処理するメール」なので、フォルダに分かれている必要はありません**。そもそもフォルダ分けの設定作業自体にかかる手間が負担になります。

過去のメールは検索で見つける

　受信したメールはその場ですべて処理し、削除せずにそのまま残しておきます。すると、開封済み（処理済み）のメールがすべてメインの受信フォルダに新しい順に並んでいる状態になります。

　過去のやり取りを見返したいときは、検索機能を使いましょう。メールソフトによって検索機能の詳細は異なりますが、条件に「届いた時期」や「添付ファイルの有無」などを指定できたり、「差出人」「件名」「本文」などに含まれるキーワードを入力して検索することもできます。「○○（キーワード）について書いてあったメールはどれかな」と探すことができるので、メールを１通ずつ開いて確認する必要はありません。

不要なメルマガは解除する

　受信フォルダが読まないメールマガジンで埋まったりしていないでしょうか。読まないメールマガジンも、受信メールに届いてしまえばメール処理のタイミングで何かしらの操作が必要になってしまいます。読まないのであれば思い切って配信を解除しましょう。

　もし、「知り合いのメルマガだから解除するのは気が引ける」など解除できない理由があるなら、フォルダ分けをして受信フォルダに残らないようにすると邪魔になりません。

メールソフトの機能を
便利に使いこなす

ソフトによって機能が異なる

　メールを管理するメールソフトにはそれぞれ独自の機能があり、画面構成も異なります。会社で制限がなければ自分のスタイルにあったものを選んで使うとよいでしょう。

　近年はGmailに代表されるWEBメール（WEBブラウザでアクセスするメール）サービスを使うことも多くなっています。自宅のパソコンや移動中のスマートフォンなど、さまざまな環境にまたがっての管理がしやすく、在宅勤務などで複数の端末を使う人にも便利です。また、WEBメールは検索スピードに優れているので、受信メールのフォルダ分けをせず、検索で過去のメールを見つける運用方法（→P220 〜 221参照）に有用です。

　次からは、メールソフトが持つ機能を紹介します。

「アドレス帳」の登録名に気を配る

　連絡先を管理する「アドレス帳」は基本的にどんなメールソフトにも備わっていて、メールのTOやCCに表示される名前はこのアドレス帳のデータを元にしています。アドレス帳に登録されていない相手から初めてのメールが届いたとき、連絡先を自動で登録するソフトもありますが、**相手に失礼のないよう、登録内容を確認しましょう。**

「予約送信」でタイミングを計る

　メール送信のタイミングを設定できる「予約送信」機能を備えた

メールソフトもあります。数日後にリマインドメールを送りたいとき、メールを送りたい時間に会議が入ってしまっているとき、メール送信がはばかられる夜遅くに対応しておいて翌日の朝送信したいときなどに便利です。

ファイルの「添付漏れを防止」する

メール本文に「添付します」などと書いてあるのにファイルが添付されていない場合に知らせてくれる機能を持つソフトもあります。送信前に添付ファイルを確認するのが基本ですが、ヒューマンエラーを完全になくすことはできません。設定しておけば安心です。

「送信取消」機能と最終確認でミスを減らす

メールは一度送信ボタンを押してしまうと、後からミスに気づいても取り消し・削除できないのが基本です。

しかし一部に例外はあり、たとえばGmailでは送信ボタンを押してから任意の時間（最大30秒）は送信の取り消しができるようになっています。また、メールの送信者と受信者の両者がOffice365でOutlookを使っていて、受信者がメールを開封していない場合にはメールの削除や置き換えができるようになっています。

このように一部間に合うこともありますが、何よりも送信ボタンを押す前のチェック（→P40参照）を徹底して、**メールにミスがないことを確認してから送信ボタンを押す習慣をつくります**。

メールのやり取りで信頼を得るためのポイント

やわらかく対応する

　時間短縮という効率化ばかり求めて、メールの内容が淡白になり過ぎるのは考えものです。相手が「冷たくあしらわれた」「礼儀がなっていない」などと捉えて不快感を持たれてしまうと、仕事が円滑に進まなくなったり、二度と仕事をもらえなくなったりする可能性も考えられます。

　相手に誠意を感じ取ってもらえる表現方法を取り入れながら、人間対人間のやり取りをしていきましょう。

クッション言葉

　相手に労力がかかるお願いをするときや、相手からのお願いを断るとき、相手に配慮しながら接していることを表現するための言葉がクッション言葉です。断るときも、ただ「無理です」「できません」と伝えると突き放されたように感じてしまいますが、「せっかくのお話ですが」などとやわらかく表現することで、相手も「仕方ないな」と受け入れやすくなるでしょう。**クッション言葉にはバリエーションがたくさんある**ので、該当ページを参考にしてみてください。

➡ P81 ～ 85・101・122 ～ 125参照

敬語

　ビジネスメールでは、目上の人からのメールも敬語が使われていることがほとんどです。しかし、普段の会話では敬語を意識せずに使える人でも、いざ文章にしようと思うと迷うことも少なくありません。使い方を間違えると失礼にあたることもあるため、**不安に思ったら調べてから使うほうが安心**です。ビジネスシーンにおける敬語

については4章で説明します。

➡ P228 〜 235 参照

「重要度」「開封確認」は使用しない

　「重要度」は、送信者がそのメールの重要度を申告して受信者に伝えるもの。「開封確認」はメールが開封されたとき、受信者が「開封しました」とボタンを押して反応すると、その知らせが送信者側に届くものです。メールの重要度は受信者が決めるものだという考えや、開封したか確認されるのは監視されているようで不快だという気持ちを持たれるので、これらの機能は注意が必要です。

相手との関係性を測る

　「このメールを送ると相手はどう思うか」という視点でメールをチェックし、相手の求めている、相手に喜んでもらえるメールを送っていきましょう。**相手の喜ぶメールを送り続ければ、信頼は厚くなってきます。**逆に相手の反応に違和感を覚えたら、何かミスをしていないか振り返ります。

コミュニケーションのゴールは「仕事を進めること」

結果が出ればそれでいい

　ここまで、仕事全体の効率化を図るため、スピードアップや相手との関係性の向上を目指すためのポイントを紹介してきましたが、それでもメールへの苦手意識がぬぐえないという方がいるのではないでしょうか。

　メールは、仕事を推し進めるためのツールの1つです。たとえば、「メールで相談すると相手を怒らせてしまうのではないか」と思うのであれば電話なり出向くなりして、メールで伝えようとしていた内容を直接話すこともできます。**コミュニケーションツールとしてのビジネスメールのゴールは、「仕事を進めること」**であり、メールを使わずにそれが達成されたとしても問題ないのです。

メールを怖がる必要はない

　一方で、メールにはメールの利点があります。たとえば、相手の対応は相手のタイミングに任せられること。情報をまとめる時間をとれること。相手とのやり取りがすべてデータに残ること。

　さまざまな理由で、メールを使ったほうがいい場面はあります。**不安になり過ぎず、相手を思いながらメールのやり取りを楽しんでください。**

4 章

使える資料集

ビジネスでは、プライベートでは使わないような敬語表現も使用されます。使い慣れた言葉で敬意を正しく表現できていれば問題はないですが、間違った使い方をして相手を怒らせてしまわないようチェックしておきましょう。また、ビジネス特有のフレーズや用語、スピードアップにつながるパソコンの使い方も紹介します。

ビジネス敬語のポイントを押さえる

３種類の敬語を正しく使い分ける

　ビジネスメールでは、基本的に敬語を用いて文章を作成します。敬語は大きく分けて「尊敬語」「謙譲語」「丁寧語」の３種類。それぞれの使い分けを心得て、相手に失礼のない、円滑なコミュニケーションを心がけます。

尊敬語

　相手や別の第三者の行為や状態などに使い、その人に敬意を示します。主語が自分や身内以外の場合に使います。

┌ 尊敬語を使った文章の例 ─────────────

　吉田課長がお帰りになる。（「帰る」の尊敬語「お帰りになる」）

　田村様のおっしゃることは〜（「言う」の尊敬語「おっしゃる」）

謙譲語

　自分や身内の行為や物事などに使い、それを受ける対象に敬意を示します。

┌ 謙譲語を使った文章の例 ─────────────

　今から伺うつもりです。（「行く」の謙譲語「伺う」）

　昨日拝見した資料は〜（「見た」の謙譲語「拝見した」）

丁寧語

対象によらず、丁寧な表現を用いて敬意を示します。「〜です」「〜ます」「〜ございます」という語尾にするのが特徴。もっとも広く使われる敬語です。

┌─ 丁寧語を使った文章の例 ─────────────

これから会います。（「会う」の丁寧語「会います」）

こちらが新社屋です。（「（新社屋）だ」の丁寧語「（新社屋）です」）
└──────────────────────────────

尊敬語と謙譲語は、誰の行動・状態なのかを考えて使い分けます。元の動詞とはまったく違う形になる尊敬語・謙譲語もあるので、わからなくなってしまったらP234 〜 235の表を参考にしてください。

相手との関係次第で程度を使い分ける

敬語の中でも、示す敬意の強さによって差があります。**相手との関係性や距離感にしたがって、適切なレベルの敬語を選ぶことが必要**です。

たとえば、親しい先輩からのメールに「メールを拝読しました」と返信するのは少し不自然です。それは「拝読」という敬語表現が、距離感のある（目上の）相手に対して使われる言葉だからです。

逆に、ずっと目上の方や知り合ったばかりの方にカジュアルな（敬意の弱い）敬語ばかり使っていると、敬意が足りないように見えてしまいます。「失礼なやつだ」と怒らせてしまうか、そうでなくても「敬語が正しく使えない＝社会人として未熟」と判断されてしまいます。

経験を重ねるうちに適切な距離感は掴めてくるかと思いますが、「不快に思われないかな」と悩むようであれば丁寧過ぎるくらいの敬語を使っておくのがよいでしょう。

社外に対して上司は呼び捨てにする

　社外の人へのメールで先輩や上司について触れる際、「弊社の吉田が〜」というように名前は呼び捨てにします。これは、会社という単位で動いているビジネスシーンにおいて、社内の人間は「身内」にあたるためですね。同じ観点で、先輩や上司の行為などには謙譲語を用いて、へりくだった表現を使います。

　社内の人へ宛てたメールであれば、先輩や上司には尊敬語を用います。

　つまり、**選ぶべき敬語は自分と相手との一対一の関係性だけでなく、相対的な関係性によっても変わる**ということ。自分の立ち位置にも注意して、正しい敬語が選べているか確認します。

「お」「ご」を付ける「美化語」のルール

　尊敬語・謙譲語・丁寧語とは別に、言葉の頭に「お」や「ご」（御）をつけて物事や状態を上品に見せる「美化語」もよく使われます。「お」は和語（古来から日本にある言葉。訓読みする。）、「ご」は漢語（中国から入って日本語になった言葉。音読みする。）に付くという基本ルールがありますが、一部例外もあります。

美化語「お」「ご」の使い分けと例外

「お」：お名前・お体・お力添え・お忙しい・お振込み

「ご」：ご住所・ご来訪・ご健康・ご協力・ご多忙・ご入金

「例外」：お電話（「お」＋漢語）・ごもっとも（「ご」＋和語）

※「お・ご」を両方使えるもの（「お返事・ご返事」など）もあります。

　また、**美化語は物事を美しく捉えて述べるときに使います**。美化語を正しく使えると印象アップにつながりますが、使い過ぎるとくど

くなってしまうので注意。また、下記のものには付けないのがルールです。

> ─ 美化語にならない言葉 ───
>
> 　外来語（おタバコ、おトイレなどは慣用化され例外）、
>
> 　「お」で始まる名詞、（天体以外の）自然現象、
>
> 　公共のものや施設、よくないもの（地震や借金など）、
>
> 　役職、職業（お医者さんなど一部例外）　など

「二重敬語」は使わない

　「二重敬語」とは、1つの言葉に同じ種類の敬語を二重に使っている状態のことです。**「1つの言葉に敬語は1つ」がルール**。「食べる」の尊敬語「召し上がる」が重なった「お召し上がりになる」も厳密にいえば二重敬語なので、適切とはいえません。

> ─ 二重敬語を回避する ───
>
> 　お戻りになられましたら、ご一報ください
>
> 　（「お戻りになる」＋「られる」）
>
>
>
> 　お戻りになったら、ご一報ください。（「お戻りになる」のみ）
>
> 　戻られましたら、ご一報ください。（「戻られる」のみ）

　ただし、二重敬語にあたるフレーズでも、現在では広く一般に使われるようになって許容されているものもあります。

「バイト敬語」を捨てる

　ファミリーレストランやファストフードの店員が客に対して使う特徴的な言葉（敬語）を「バイト（ファミレス）敬語」と呼びます。学生時代のアルバイトで身についてしまった人もいるかもしれませんが、下記のような表現は正しい敬語ではないので注意してください。

NG ～のほう

　「コーヒーのほうお持ちしました」などは特に話し言葉で使われるので、メールで「先程はお電話のほう、ありがとうございました」などと書いてしまうかもしれません。「先程はお電話をありがとうございました」とします。

NG ～になります

　「こちら、レシートになります」などはAからBに変化した結果のものを指しているわけでなければ、「～です」「～でございます」とします。

NG ～でよろしかったでしょうか。

　過去に聞いた（決めた）ことを確認する意味で使うのであれば、間違いというわけではありませんが、まどろっこしく感じられます。「～でよろしいですか」としたほうがスッキリします。

「させていただく」を多用しない

　へりくだった表現として「～させていただく」を使い過ぎる傾向があるようです。頻繁に出てくると文章が読みづらくなってしまうので注意しましょう。
　そもそも、「させていただく」は相手の許可を得てする行動に使う表現なので、許可が必要ない行動や相手が許可していない行動に

はつけないほうが正しいです。また、「させていただく」を「させて頂く」とすると漢字が多くなります。「頂く」と漢字にするのは「お食事を頂く」のように動詞として使う場合がよいでしょう。

「ありがちな間違い」は押さえておく

　「丁寧なつもりで使っていたが、実は失礼な表現だった」ということがありがちなフレーズをまとめました。うっかり使ってしまわないように注意しましょう。

┌ 目上の人に使うと失礼なフレーズと言い換え表現 ─

「了解しました」→「かしこまりました」「承知しました」

「ご苦労様です」→「お疲れ様です」

「お世話様です」→「お世話になっております」

「参考になりました」→「勉強になりました」

ビジネス特有のフレーズに慣れる

　たとえば、依頼を断るときに使う「いたしかねます」という表現は、プライベートではなかなか使わない、ビジネス特有のフレーズです。このように、ビジネスシーンでは慣用的に使われる特有のフレーズがあるため、使いながら徐々に慣れていきましょう。

　ビジネスメールは相手に伝わりやすい言葉で書くべきですが、ビジネスパーソンの常識となっているものは知っておくとよいでしょう。P236〜244の「メールで使うビジネス用語集」にも例を挙げていますので参考にしてください。

動詞の敬語形を確認する

　会話の中では自然に使えている敬語も、メールで文章にすると正解がわからなくなるかもしれません。よく使われる動詞の敬語形を下にまとめます。

基本形	丁寧語	尊敬語	謙譲語
する	します	なさる、される、あそばす	いたす
言う	言います	おっしゃる、言われる	申す、申し上げる
話す	話します	おっしゃる、話される	申し上げる、お話しする
聞く	聞きます	お聞きになる、聞かれる	拝聴する、伺う、お聞きする、承る
伝える	伝えます	お伝えになる	申し伝える、お伝えする
行く	行きます	いらっしゃる、おいでになる	伺う、参る、参上する
来る	来ます	いらっしゃる、おいでになる、みえる、お越しになる	参る、伺う
会う	会います	会われる、お会いになる	お目にかかる、お会いする
待つ	待ちます	お待ちになる、お待ちくださる	お待ちする
帰る	帰ります	お帰りになる、帰られる	おいとまする
知る	知っています	お知りになる、ご存じ	存じる、存じ上げる、承知する
思う	思います	お思いになる、おぼし召す	存じ上げる、存じる
いる	います	いらっしゃる、おいでになる	おる

わかる	わかります	おわかりになる、 ご理解いただく	かしこまる、承知する
考える	考えます	お考えになる、 ご高察なさる	存じる
気に入る	気に入ります	お気に召す	―
見る	見ます	見られる、 ご覧になる	拝見する
見せる	見せます	お見せになる	ご覧に入れる、お目に かける、お見せする
読む	読みます	お読みになる	拝読する
あげる	あげます	くださる、賜る、 お与えになる	差し上げる
もらう	もらいます	お受けになる	頂戴する、いただく、賜る、 承る
受け取る	受け取ります	お受け取りになる	賜る、頂戴する、承る、 拝受する、いただく
借りる	借ります	お借りになる	お借りする、拝借する
利用する	利用します	ご利用になる、 ご利用なさる、 利用される、 利用なさる	利用いたす
買う	買います	お買いになる、 お求めになる	―（購入するなどに置き換 える）
座る	座ります	お掛けになる、 お座りになる、 座られる	―
食べる	食べます	召し上がる、 上がる、 お食べになる	いただく、頂戴する
生まれる	生まれます	お生まれになる	―
死ぬ	死にます	お亡くなりになる、 逝去する、 亡くなられる	―

メールで使う
ビジネス用語集

ビジネスシーンの慣用フレーズ

　初めは聞きなれない言葉でも、ビジネスで使われているフレーズは覚えましょう。この基本が使いこなせるようになれば、2章のフレーズにも応用できます。

	ビジネスシーン
いいです	結構です
いいですか	よろしいですか、よろしいでしょうか
します	いたします
してください	していただけますか
できません	いたしかねます
やめてください	お控えください、お控えいただけますか
わかりました	かしこまりました、承知しました
わかりません	存じません、わかりかねます
すみません	申し訳ございません
すみませんが	恐れ入りますが、お手数ですが
よかったら	よろしければ
そうです（か）	さようでございます（か）
大丈夫です	結構です、問題ありません
どうしますか	いかがなさいますか
お久しぶりです	ご無沙汰しております
受け取ってください	お納めください
暇なときに	お手すきの際に、お時間があるときに
忙しい	立て込む、手がふさがっている

「日にち・時期」を表すビジネス用語

　仕事にはスケジュール管理がつきものです。日にち・時期を表す
ビジネス用語を覚えましょう。

	ビジネスシーン
今日（きょう）	本日（ほんじつ）
明日（あした）	明日（あす、みょうにち）※表記は同じ
昨日（きのう）	昨日（さくじつ）※表記は同じ
明後日（あさって）	明後日（みょうごにち）※表記は同じ
明日の朝	明朝（みょうちょう）
昨日の夜	昨夜（さくや）、昨晩（さくばん）
次の日	翌日（よくじつ）
次の朝	翌朝（よくちょう）
明日以降	後日
今年	本年
去年	昨年（さくねん）
一昨年（おととし）	一昨年（いっさくねん）※表記は同じ
この間	先日、過日、先般
その日	当日
もうすぐ	まもなく
いま	ただいま
前に	以前
さっき	先程
あとで	後程
すぐに	早速
今回	このたび
これから	今後
これからも	今後とも

「代名詞」と「程度」を表すビジネス用語

代名詞は「何方（どちら）」など、漢字で書くこともできますが、ひらがなのほうが伝わりやすいです。

	ビジネス		ビジネス
どこ	どちら	ちょっと	少々、少し
こっち	こちら	とても	大変
そっち	そちら	すごく	非常に
あっち	あちら	〜ぐらい	〜ほど
どっち	どちら	どのくらい	いかほど

会社やそれ以外の組織の呼び方

相手の会社を示す「御社（おんしゃ）」は話し言葉で使い、メールに書くときは「貴社（きしゃ）」を使うことが多いです。

相手の組織	組織の呼び方
会社	貴社、御社
財団法人、社団法人、NPO、社会福祉法人、独立行政法人	貴法人、貴団体、御法人、御団体
協会	貴協会、御協会
組合	貴組合、御組合
銀行	貴行、御行
学校	貴校、御校
幼稚園、保育園	貴園、御園
病院、医院	貴院、御院
会計事務所、法律事務所	貴事務所、御事務所
官公庁	貴省、貴庁、貴局、貴所、貴役所、貴役場、御省、御庁、御局、御所、御役所、御役場

ビジネスシーン頻出単語

　ビジネスメールでよく使われる単語を50音順に紹介します。**難しい言葉を無理に使って書く必要はありません**が、これらを押さえておくと受け取ったメールを読むとき役に立ちます。

	単語	よみ	意味
あ行	愛顧	あいこ	ひいきにし、目をかけ引き立てること
	遺憾	いかん	期待どおりにいかず、残念に思うこと
	如何	いかん	なりゆき、ようす。「結果の一に関わらず」
	異存	いぞん	ほかと異なる考え。反対意見
	いま一度	いまいちど	もう一度
	異論	いろん	別の考えや言い分
	御社	おんしゃ	相手の会社を敬っていう言葉
	御地	おんち	相手の住む場所を敬っていう言葉
か行	快諾	かいだく	申し出や依頼を気持ちよく聞き入れること
	回答	かいとう	質問、要求、問い合わせなどに正式に答えること
	各位	かくい	対象となる人（メールの宛名にある場合、そのメールが届いた人）全員を敬う言葉
	格別	かくべつ	普通とは大きく異なること。「一のお引き立てを賜り」　類語：格段
	過日	かじつ	過ぎた日。　類語：先日・先般
	勘案	かんあん	さまざまな物事を考え合わせること
	寛恕	かんじょ	広い心で過ちなどを許すこと。許される側が使う
	感銘	かんめい	忘れられないほど深く感動すること

	貴意	きい	相手の考えや意見を敬う表現
	貴下	きか	男性が親しみを込めて、男性の部下や同輩に使う二人称代名詞
	貴兄	きけい	男性が親しみを込めて、男性の先輩や同輩に使う二人称代名詞
	貴社	きしゃ	相手の会社を敬っていう言葉
	貴信	きしん	相手からの便り（メール）を敬う表現
	忌憚	きたん	遠慮。はばかること。「―のないご意見をいただければ幸いです」
	貴地	きち	相手の住む場所を敬っていう言葉
	帰着	きちゃく	議論などをした結果、最終的に落ち着くこと
	祈念	きねん	強く祈り、念じること
	教示	きょうじ	知識や方法を教え示すこと
	教授	きょうじゅ	学問や知識、技能を教え授け、身につけさせること
	恐縮	きょうしゅく	相手に迷惑をかけたり、厚意を受けて恐れ入ること
	口添え	くちぞえ	傍から言葉をかけて、うまくとりなすこと
	苦慮	くりょ	あれこれと考え、思い悩むこと
	慶賀	けいが	喜び、祝うこと。「創業50周年を迎えられたとの由、―に存じます」
	賢察	けんさつ	目上の人が推察すること。「どうか、ご―ください」 類語:お察し
	健勝	けんしょう	健康で元気なことを喜ぶ挨拶に使う
	厚誼	こうぎ	深い親しみを持った付き合い
	高見	こうけん	相手の優れた意見を敬う表現
	高察	こうさつ	敬っている相手が推察すること。「事情をご―ください」 類語:お察し
	高承	こうしょう	敬っている相手が承知すること。承知よりも強く敬意が表現される
	厚情	こうじょう	厚い情けや、深い思いやり。「ご―を賜る」

	幸甚	こうじん	この上なく幸せなこと。大変ありがたいこと
	高配	こうはい	敬っている相手の心配り
	高覧	こうらん	敬っている相手が、何かを見ること。「資料をごーいただけますか」
	懇情	こんじょう	相手の親切な心配りを敬う表現。「格別のごーを賜り、厚くお礼申し上げます」
	困惑	こんわく	どうしたらよいのかわからず、困り果てること
さ行	査収	さしゅう	よく調べて受け取ること。送る側が使う
	参上	さんじょう	目上の人のところへ行くことをへりくだった表現
	自愛	じあい	病気などしないよう、自分を大切にすること
	時下	じか	このごろ。時候の挨拶に置き換えて、一年中使える表現
	至極	しごく	極めて。限りなく。「ーまっとうな意見」
	次第	しだい	ある経過を経た、現在の状況。なりゆき。「メールを差し上げたーです」
	叱正	しっせい	誤りを指摘して正すこと
	叱責	しっせき	誰かの失敗を叱り、責めること
	失念	しつねん	記憶していたものをうっかり忘れること
	社業	しゃぎょう	会社の事業やその業務
	受諾	じゅだく	提案や依頼を引き受けること。　類語:承諾
	受納	じゅのう	贈り物を受け取って納めること
	小社	しょうしゃ	自分の会社をへりくだる表現
	承諾	しょうだく	相手の意見や要求を受け入れること。類語:受諾
	承知	しょうち	相手の依頼や要求を引き受けること。類語:承諾
	承認	しょうにん	正当だと認めること。　類語:承諾
	笑納	しょうのう	相手への贈り物を、つまらないものですが笑って納めてくださいという気持ち

241

	承服	しょうふく	相手の依頼や要求を受け入れ、従うこと
	所存	しょぞん	考え。思っていること
	深謝	しんしゃ	深く心から詫びること。感謝すること
	尽力	じんりょく	全力を尽くすこと。努力。「皆さまのごーのおかげで、無事終了いたしました」
	清栄	せいえい	清く栄えること。挨拶文で使う。「ますますごーのこととお慶び申し上げます」
	盛栄	せいえい	商売などが盛んで発展していること。挨拶文で使う
	清祥	せいしょう	相手が健康で幸福なことを喜ぶ挨拶の表現
	精励	せいれい	仕事に一生懸命励むこと
	善処	ぜんしょ	適切に対処すること
	先般	せんぱん	このあいだ。　類語:先日・過日
	足労	そくろう	足を運ばせること・来てもらうこと。その労力
た行	大過	たいか	目立った失敗。「ーなく、終了いたしました」
	大慶	たいけい	このうえなく喜ばしいこと。「ー至極に存じます」
	帯同	たいどう	連れて行くこと
	諾否	だくひ	引き受けることと断ること。承諾するかしないか。「ーをお知らせください」
	多幸	たこう	大変幸せなことやそのさま。「ごーをお祈り申し上げます」
	多忙	たぼう	非常に忙しいことやそのさま。「ごーの折恐れ入りますが、ご検討のほどお願い申し上げます」
	賜物	たまもの	なにかの結果得られたよいもの。成果
	賜る	たまわる	「いただく」より丁寧な敬語。「お言葉をーる」
	(〜の) 段	だん	それ自体を指す言葉。「失礼のー、何卒ご容赦くださいませ」
	力添え	ちからぞえ	手助け。援助。「皆さまのおーのもと、無事最終日を迎えることができました」
	着荷	ちゃっか	荷物が届くこと。またはその荷物

	衷心	ちゅうしん	心の深いところ。「衷心より、感謝申し上げます」
	陳謝	ちんしゃ	理由や事情を述べて謝罪すること
	丁重	ていちょう	礼儀正しいこと。丁寧なこと。「ーにお断りさせていただきます」
	添付	てんぷ	メールや文書に添えること
	同行	どうこう	ついて行くこと。一緒に行くこと
	当社	とうしゃ	自分の会社。主に社内向けに使う言葉
	当惑	とうわく	どうすればよいかわからず戸惑い、途方にくれること。「このような事態になり、ーしております」
	取り計らい	とりはからい	うまくいくように考えて、処理すること
な行	何卒	なにとぞ	強く願う気持ちの表現。「ーご容赦ください」
は行	拝察	はいさつ	推察することをへりくだった表現
	拝受	はいじゅ	受け取ることをへりくだった表現
	拝聴	はいちょう	聞くことをへりくだった表現
	拝読	はいどく	読むことをへりくだった表現
	拝眉	はいび	会うことをへりくだった表現。　類語:拝顔
	配慮	はいりょ	心配り。心遣い。「ごーにあずかり」
	万障	ばんしょう	さまざまな問題、さしさわり。「皆さま、ーお繰り合わせのうえご参加ください」
	引き立て	ひきたて	ひいきにし、目をかけること
	一方	ひとかた	普通ではない程度。尋常ではない。「ーならぬお心遣いに、心より感謝いたします」
	弊社	へいしゃ	自分の会社をへりくだって言う表現。書き言葉でも話し言葉でも使う。　類語:小社
	平素	へいそ	いつも。常日ごろ
	鞭撻	べんたつ	失態を叱り、努力するよう励ますこと。「ご指導ごーのほど、よろしくお願いいたします」
	芳名	ほうめい	相手の名前を敬った表現

	（〜の）ほど	ほど	断定せずやわらかい表現で、そのこと自体を指す言葉。「ご確認の一、よろしくお願いいたします」
ま行	邁進	まいしん	ひるまずまっしぐらに進むこと
	毎度	まいど	毎回。いつも。　類語:毎々
	毎々	まいまい	毎回。いつも。　類語:毎度
	未着	みちゃく	到着していないこと
	見計らい	みはからい	考えて大体の見当をつけること
	申し送り	もうしおくり	後任者に伝え、引き継ぐこと
	申し越し	もうしこし	メールや手紙で言って寄こすことや、その内容
	申し伝え	もうしつたえ	伝言する、伝えるの謙譲表現
や行	猶予	ゆうよ	予定を先延ばしにすること
	容赦	ようしゃ	大目に見ること。許すこと。「どうか、ご一ください」
	用命	ようめい	商品の注文。用事を言いつけること
	（〜の）由	よし	間接的に聞いた事柄や事情。「栄転されたとの一、まことにおめでとうございます」
ら行	留意	りゅうい	心に留めて、忘れないようにすること
	隆盛	りゅうせい	勢いがあり、栄えているさま。　類語:隆昌
	了解	りょうかい	内容を理解し、受け止めること
	領収	りょうしゅう	金銭を受け取り、収めること
	了承	りょうしょう	相手の意見や事情を理解し、納得すること
	稟議	りんぎ	責任者個々人に案を回して承認を得ていくこと
	臨席	りんせき	立場の高い人が会合や式典に参加、出席すること
	列席	れっせき	会合や式典に参加、出席すること。主催者側が使う

季節の挨拶を入れる場合

　通常、ビジネスメールに時候の挨拶は必要なく、書き出しは「お世話になっております」などシンプルなものでかまいません。しかし、フォーマルな案内を送る場合など、相手の健康を気遣い時候の挨拶を添えてみると、**丁寧な印象のメールになります。**

1 月
新春・初春・寒風・厳寒の候 松の内の賑わいも過ぎ 寒さもいっそう身にしみる今日この頃

7 月
盛夏・小暑・炎暑・大暑の候 寝苦しい夜が続いております 待ちに待った夏本番

2 月
残寒・梅花・春寒・向春の候 春の気配なお遠い折から 少しずつ日足も延びてきましたが

8 月
立秋・残夏・残暑・秋暑の候 立秋とは名ばかりの厳しい暑さです 朝夕には秋の気配を感じますが

3 月
早春・浅春・仲春・春暖の候 木々の緑も色めいて参りましたが 春の風が快い季節となりましたが

9 月
初秋・涼風・秋涼・秋晴の候 秋風が心地よい季節になりました 空高く澄み渡る今日この頃

4 月
桜花・陽春・春暖・晩春の候 花の便りに心が弾む今日この頃 若草の萌えだす季節となりました

10 月
秋色・秋麗・仲秋・紅葉の候 爽やかな秋晴れが続いております 日増しに秋も深まって

5 月
新緑・立夏・薫風・青葉の候 風薫るさわやかな季節となりました 吹く風もどことなく夏めいてきました

11 月
晩秋・落葉・霜秋・向寒の候 うららかな小春日和が続いております 吐息が白くなる季節になりました

6 月
初夏・深緑・梅雨・向暑の候 長雨の続く毎日ですが あじさいの美しい季節となりました

12 月
初冬・師走・寒気・歳末の候 日ごとに寒さがつのってまいります あわただしい年の瀬を迎え

作業を高速化する
ショートカットと単語登録

マウスに頼らずスピードアップ

　メールを入力中、さまざまな作業を行うことがあると思いますが、このとき作業の項目をマウスで選んでいませんか。

　以下の「キーボードショートカット」を使ってマウスの役割を減らしていけば、自然と作業全体のスピードアップにつながります。

　テキストの編集だけではなく、「裏に隠れているブラウザを開く」など、OSやアプリの基本操作に関わるショートカットも紹介します。

– 便利なショートカットの例（Windowsの場合）

操作	キー入力
すべての項目を選択する	Ctrl+A
選択した項目を切り取る（カット）	Ctrl+X
選択した項目をコピーする	Ctrl+C
選択した項目を貼り付ける（ペースト）	Ctrl+V
操作を元に戻す	Ctrl+Z
操作をやり直す	Ctrl+Y
次の単語の先頭にカーソルを移動する	Ctrl + →
前の単語の先頭にカーソルを移動する	Ctrl + ←
次の段落の先頭にカーソルを移動する	Ctrl + ↓
前の段落の先頭にカーソルを移動する	Ctrl + ↑
開いているアプリ間で切り替える	Alt + Tab
作業中のアプリを閉じる	Ctrl+F4
現在の作業を停止または終了する	Esc
前に戻る	Alt+←
次に進む	Alt+→
デスクトップを表示または非表示にする	Windows ロゴ キー +D

選択された項目の名前を変更する	F2
作業中のウィンドウを最新の情報に更新する	F5
項目を開かれた順序で順番に切り替える	Alt + Esc
その文字に対応するコマンドを実行する	Alt + 下線付き文字
作業中のウィンドウのショートカット メニューを開く	Alt + Space キー
選択した項目のショートカット メニューを表示する	Shift + F10

単語登録の手順

　ショートカットのほか、P213で紹介した「単語登録」機能も入力文字数を減らすことでスピードアップにつながります。

　画面右下などにあるIME（文字入力用のプログラム）のアイコンの上で右クリック（❶）し、出てきたウィンドウの「単語の登録」を選択（❷）。その後表示される画面に簡単に出したい文字「単語」（❸）と、実際にタイプする文字「よみ」（❹）を入れて、登録（❺）していきましょう。

− 単語登録のウィンドウ −

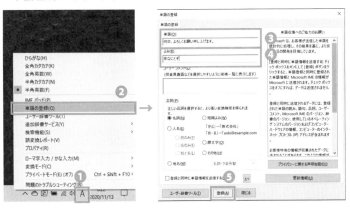

さくいん

書き出し

結び

お礼・感謝

依頼・提案

相談・質問

了承・回答

断り

251

案内・報告

催促

謝 罪

決 意 ・ 反 省

申請

平野友朗（ひらのともあき）

一般社団法人日本ビジネスメール協会代表理事。株式会社アイ・コミュニケーション代表取締役。1974年、北海道生まれ。筑波大学人間学類で認知心理学を専攻。ビジネスメール教育の専門家。メールのスキル向上指導や組織のルール策定、メールコミュニケーションの効率化や時間短縮による業務改善など支援実績は多岐に渡る。これまでに研修やコンサルティングを行った組織は官公庁や民間企業など5000を超える。年間150回以上の研修やセミナーでの講演、1500回以上のメディア掲載、2003年から続くメルマガ「毎日0.1％の成長」を通じてビジネスメール教育の普及に力を注いでいる。著書は『仕事ができる人は実践している！ビジネスメール最速時短術』（日経BP）など37冊。

本書に関するお問い合わせは、書名・発行日・該当ページを明記の上、下記のいずれかの方法にてお送りください。電話でのお問い合わせはお受けしておりません。
・ナツメ社webサイトの問い合わせフォーム
　https://www.natsume.co.jp/contact
・FAX（03-3291-1305）
・郵送（下記、ナツメ出版企画株式会社宛て）
なお、回答までに日にちをいただく場合があります。正誤のお問い合わせ以外の書籍内容に関する解説・個別の相談は行っておりません。あらかじめご了承ください。

ナツメ社Webサイト
https://www.natsume.co.jp
書籍の最新情報（正誤情報を含む）はナツメ社Webサイトをご覧ください。

そのまま使える！ビジネスメール文例大全

2021年 3 月 1 日　初版発行
2024年 10 月 1 日　第13刷発行

監 修 者　平野友朗
　　　　　Hirano Tomoaki, 2021
発 行 者　田村正隆
発 行 所　株式会社ナツメ社
　　　　　東京都千代田区神田神保町1-52　ナツメ社ビル1F（〒101-0051）
　　　　　電話 03-3291-1257（代表）　FAX 03-3291-5761
　　　　　振替 00130-1-58661
制　　作　ナツメ出版企画株式会社
　　　　　東京都千代田区神田神保町1-52　ナツメ社ビル3F（〒101-0051）
　　　　　電話 03-3295-3921（代表）
印 刷 所　ラン印刷社

ISBN978-4-8163-6969-8　　　　　　　　　　　　　Printed in Japan